爱故乡　爱亲人　爱自己　爱这个世界

爱的语文

赵群筠

课堂教学实录

Love:
The Heart of Chinese Classrooms

赵群筠 著

中国人民大学出版社

·北京·

图书在版编目（CIP）数据

爱的语文：赵群筠课堂教学实录／赵群筠著. —北京：中国人民大学出版社，2018.3
ISBN 978－7－300－25197－4

Ⅰ.①爱… Ⅱ.①赵… Ⅲ.①中学语文课—教学研究 Ⅳ.①G633.302

中国版本图书馆CIP数据核字（2017）第300475号

爱的语文——赵群筠课堂教学实录
赵群筠 著
Ai de Yuwen——Zhao Qunyun Ketang Jiaoxue Shilu

出版发行	中国人民大学出版社		
社　址	北京中关村大街31号	邮政编码	100080
电　话	010－62511242（总编室）		010－62511770（质管部）
	010－82501766（邮购部）		010－62514148（门市部）
	010－62515195（发行公司）		010－62515275（盗版举报）
网　址	http://www.crup.com.cn		
	http://www.ttrnet.com（人大教研网）		
经　销	新华书店		
印　刷	北京东君印刷有限公司		
开　本	168 mm × 239 mm　16开本	版　次	2018年3月第1版
印　张	15.25　插页1	印　次	2018年3月第1次印刷
字　数	200 000	定　价	58.00元

目　　录

序

/ 于漪

读赵群筠老师的书稿，我这名耄耋之年的老教师不断地被感动着，这，就是语文。诗人郑敏说得好："汉字每个字都像一张充满感情向人们诉说着生活的脸。"语文就是人生，它伴随人一辈子。语文课堂的诗意，语文教学巨大的吸引力、感染力也源于此。

赵群筠老师的语文教学不囿于一般的、固定的教学模式。它彰显的是语言文字之于生活的表现力与生命力，它让一名名求学者带着生活的体验与感悟，推敲语言文字传达情意的功能，品尝它们此情此景中蕴含的神采与奥妙。在她的课堂中，听不到名词、术语的大串联，看不到装腔作势的表演，这里只有语言的交会、情意的沟通。文本中人、物的生存状态，发展变化在语言文字有温度的引领下，悄悄地潜入学生的心中。学生又以自己有限的生活经历，借助语言文字开展的想象，捕捉文中生活的真实、艺术的表达。这是一种敞开内心世界的人与文的沟通，是此情此景与彼情彼景的贯通，是心灵与心灵的碰撞，独特的理解、语言的不凡犹如火花一般在课堂里闪烁发光。

这不得不归功于执教者的精妙设计。语文教学相当大的难处就在于学生与文本之间的"隔"。学生经常在文本外围转，这个字词、那个句子，摆弄摆弄，能“如闻其声”“如历其境”就已很不错了，真正能步入文本中，特别是经典诗文中，“身历其境”，眼观、耳听、手抚，与其呼吸与共，心灵感应，实非易事。而教师只有真正消除这种“隔”，使学生进入文本中，才能让他们体悟到文本的精神价值，做到思想情感、语文运用的双丰收，并享受语文素养提升带来的快乐。赵群筠老师以生活体验、生活感悟为金钥匙，打开学生的心扉，拆除文本的壁垒，由此观彼，由彼量此，由表及里，由里衡表，贯通、思考、咀嚼，创造了教学的精彩。

这种“打开”有三个显著特点。一是尊重学生。她从学生熟知的生活细节入手，引发学生对文本中生活的好奇与追寻。钥匙插入“孔”中看似平常，但转动却能引发锁的开启。二是教学措施开放。她不拘泥于教学的某个程式、问题的某个答案，而是让学生充分表达，并适时、适度地启发、点拨。学生是学习的主人，她邀请家长、作家、译者共同参与课堂，从不同视角进行探讨，以开阔学生的思维，拓宽学生的视野，增添阅读的厚度。她以课内阅读带动课外阅读，或单篇，或整本书，既能提升学生对文本的理解力，又能培养学生对阅读能力的不懈追求。三是动用多种教学工具增添教学的直观性、形象性，激发学生学习的兴趣。语文教学并不是教师板着面孔上课，而是教师让感情的细流，或轻轻的喜悦，或淡淡的哀愁，或弘毅的憧憬，或顿然的释怀，在课堂里蜿蜒流淌。徜徉在语言文字中，学生的心灵世界也在潜滋暗长。

精妙的教学设计源于教师对语文的钟爱和对学生的仁爱。教师要摆脱把上课只用于知识传授、机械操练的工具理性桎梏，而把它当成与学生的美好约会。因而，教师要充分准备，浸润于文本的深处，钻研、深挖、独立思考、斟酌推敲，把握文本的价值所在，寻觅贴切的方法施教。因而，万分期待，期待莘莘学子能打开心扉，进入语言文字铸就的宝山，探宝、觅宝、捧宝而归，教师因而感受他们的喜悦，分享他们求知的幸福。语言文字是直指人心的，语文教师应目中有人，对学生语文素养的全面培育怀有仁爱之心；语文教师还应胸中有书，对语言文字呈现的价值、功能准确地把握。赵群筠老师深知其中的奥妙，并为此而不懈努力。

本书还有一个启人深思的亮点，即课的观察者的评说以及受教学生的上课感言。虽是星星点点，但要言不烦，能帮助读者领会课堂的精神所在。

1.

美好的约会
是一种
两情相悦

我喜欢把上课当成跟你们的美好约会。在充分准备和万分期待中，我装扮好自己，微笑着走上讲台，走近你们，虔诚地感受着你们的感受，分享着你们的分享。

《爸爸的花儿落了》课堂实录

时　　间 / 2015 年 11 月
地　　点 / 浙江省杭州市文海实验学校
实录整理 / 华东师范大学附属杭州学校　杨晓迪

/ 前记 /

教授《爸爸的花儿落了》这一经典课文，在赵群筠老师看来，是一场她与学生之间的课堂约会。为了使这场约会圆满成功，从资料查阅、文本解读到教学设计，她都精心准备。然而约会能否产生美好的结果，还要看彼此间是否两情相悦，能否形成情感的共振。为此，作为一名听课者，我在关注教学内容和教学环节的同时，更关注学生们在课堂中的学习状态、面部表情和课堂氛围。同时，我也要求每一位参与这堂课的学生在课后写下自己真实的感受，从而使我们能从学生的视角感受这场美好约会的魅力。

/ 前奏曲 /　微笑，让紧张烟消云散

实录者语

当孩子们安静地坐在会场舞台中央等候上课时，我从他们的正襟危坐中看出了拘谨。毕竟是大场面，台下黑压压地坐满了听课的老师。一会儿，赵群筠老师微笑着走上台来，没有说让学生“放轻松、别紧张”的话，只是抛出了一个“你觉得自己长大了吗”的话题，以拉家常的方式拉开了这节课的序幕。

这个轻松而又平常的问题一下子就拉近了师生间的距离。同时，我也感受到了赵群筠老师的课堂风貌——精致朴素的着装、温婉大方的笑容、悠然从容的语调，在举手投足间传递给学生一种亲近、自然的信息。几句闲聊之后，不少学生渐渐“原形毕露”，原本端端正正放在课桌上的手变得随意，原本紧张、焦虑的脸上露出了自然的笑容。可见，教师的教态风貌足以改变课堂的氛围和学生的情绪。

学生的声音

我们安静地坐在舞台的中央，坐在灯光下，众人瞩目。台下是人群，是老师，我不敢多看，只安静地坐着。课堂就在这略带紧张的气氛中开始了，然而这种感觉却随着老师温暖的笑容和悠扬的语调消散了。（虞辛芷）

老师走了进来，她给了我们一个微笑。她笑起来可好看了，嘴角微微翘起，露出一点儿牙，看起来很亲切。我本来有些紧张的心开始放松了。她身上还有什么东西似乎总吸引着我的眼睛——是她的目光，是一束可以让我

的心放下的光。它照在了我的身上，好温暖！（黄雨欣）

偷偷地望着她看书本的样子，巧笑倩兮，亲切得让我想叫她一声“阿姨”。她就是赵老师。赵老师优雅地拿起话筒，自然、端庄地走到我们面前，或者说是我的面前。我抬头望着她，她身上淡淡的清香悄悄地弥漫开来。

（郑幸秋）

/ 第一幕 /　体会“变化”，走进英子的内心

师：今天我们要学的课文《爸爸的花儿落了》中的主人公英子，年龄跟大家差不多，刚刚小学毕业，马上就要读中学。课前有同学问：这篇课文为什么要用这个题目呢？其实，这句话在文章里就有，我们把这句话找出来，读一读。

生：（七嘴八舌）倒数第二段。

师：大家找得很对，我们一起来读倒数第一、二段。（生齐读）

> **爸爸的花儿落了。**
>
> **我已不再是小孩子。**

师：这两句话在文末单独成段，而且用的都是句号。表面上看起来作者情绪很平静，但是平静的海面之下往往是波涛深邃。大家仔细琢磨这两句话，看看有没有一些带有情感色彩的字词。

（生讨论后一致认为是“落”和“不再”，师请生板书）

师：你在写“落”字的时候，体会到了怎样的情绪？

生：“落”字让人感觉到心情有些低落。

生：“不再”让人有种莫名的惆怅。

生：“落”和“不再”都有失去的感觉。

（生再次齐读最后两句话，师适当指导语气、语调）

师：大家读得不错，读出了对这两句话的感受。这两句话的主语分别是爸爸和“我”，他们之间发生了什么事情呢？我们先来看一小段视频，请大家注意其中的对话。

（播放吴贻弓导演的电影《城南旧事》中英子与父亲在医院话别的片段）

师：大家来聊聊英子和爸爸之间的对话吧。

生：小时候英子不想去上学，然后爸爸打了她。她开始是比较欢快的，还和爸爸撒娇，后来慢慢地沉默了。爸爸问她恨不恨他，英子说不恨。看到这里我特别有感触。

（师投影出示两句话）

> **爸爸：“你恨爸爸吗？”**
>
> **英子：“不恨。”**

师：爸爸为什么觉得英子会恨他？我们去文中找一找。

生：文中写了一件事：有一次在夏天，妈妈催英子上学去，但英子有勇气赖床不起来，被爸爸发现并揍了一顿。爸爸认为这件事对孩子的伤害挺大的，所以他觉得英子可能会恨他。

师：你的概括能力超强，把这件事如此清晰地表达出来，给你点赞哦。

生：第 24 段，“我坐在放下雨篷的洋车里，一边抽抽搭搭地哭着，一边撩起裤脚来检查我的伤痕。那一条条鼓起来的鞭痕，是红的，而且发着热”。这说明爸爸打得非常狠、非常重。

师：表现打得厉害的是哪些词语？

生：鼓起来的鞭痕、红的，而且发着热。

师：这里有触觉、视觉，我们把这段话好好地读一读，体会一下当时的情景。

（生个别读，师指导，随后生齐读）

师：还有哪些地方描写了爸爸打"我"？

生：第22段，动作描写，"抄""抡"，还有"发出咻咻的声音"，我觉得这样打人应该是蛮厉害的。下面第23段，说"从床头打到床角"，然后说"我是一只狼狈的小狗"，这里用了比喻的修辞手法，把被打的英子写得很狼狈，突出了爸爸打人时的严厉。

师：你们觉得"我像一只狼狈的小狗"好呢，还是"我是一只狼狈的小狗"好？

生："我是"好，"是"的程度比"像"要深，读起来语气更加强烈。

生："是"是肯定，"像"是近似，"是"更能写出"我"被打的程度。

师：说得有道理，爸爸打得确实挺厉害的。如果是你，你会恨他吗？

生：尽管知道爸爸这样做是为我好，但是打得这么狠，我还是会有一点点儿的恨。（众生笑）

师：可是英子说不恨，为什么？

生：因为文中说"爸爸没说什么，打开了手中的包袱，拿出来的是我的花夹袄。他递给我，看着我穿上，又拿出两个铜板来给我"。这说明爸爸心里其实是爱"我"的。

师：这里哪一个细节最能体现爸爸对"我"的关爱？

生："看着我穿上"。他担心自己走了以后女儿不穿，所以必须亲眼看着女儿穿上才放心。从这里可以想象到爸爸的心里应该有愧疚、疼爱，可能还有后悔……

师：你说得真好，是个善解人意的好孩子！其实，刚才我们看到的电影中的对话，离这个事件已经有好几年了。英子一年级时挨的打，现在她要小学毕业了，这中间已经过去了六年。我觉得英子之所以感谢她的父亲或者不恨他，或许还有一些更深层次的原因。我们来对比阅读以下两个语段。

> 当我在一年级的时候，就有早晨赖在床上不起的毛病。每天早晨醒来，看到阳光照到玻璃窗上了，我的心里就是一阵愁：已经这么晚了，等起来洗脸，扎辫子，换制服，再到学校去，准又是一进教室就被罚站在门边。同学们的眼光，会一个个向你投过来，我虽然很懒惰，却也知道害羞呀！所以又愁又怕，每天都是怀着恐惧的心情，奔向学校去。
>
> …………
>
> 从那以后，到今天，每天早晨我都是等待着校工开大铁栅栏校门的学生之一。冬天的清晨站在校门前，戴着露出五个手指头的那种手套，举了一块热乎乎的烤白薯在吃着；夏天的早晨站在校门前，手里举着从花池里摘下的玉簪花，送给亲爱的韩老师，是她教我跳舞的。

（两生分别朗读这两个语段，其间师纠正“簪”字的读音）

师：从这两段话中，我们发现英子有什么变化？

生：她早上不再迟到了。

师：迟到的英子和不迟到的英子，心情有变化吗？

生：“夏天的早晨站在校门前，手里举着从花池里摘下的玉簪花，送给亲爱的韩老师，是她教我跳舞的。”送花给老师，这说明她的心情是喜悦的。

生：“冬天的清晨站在校门前，戴着露出五个手指头的那种手套，举了一块热乎乎的烤白薯在吃着。”可以看出，她在校门口等着的时候是比较轻松的。如果快要迟到了，她肯定急着把烤白薯吃完。

师：你感受到了英子的一种从容、悠闲，那么“热乎乎的烤白薯”又给了你什么样的感觉？

生：“热乎乎”说明是刚刚从火炉里拿出来的，给人很温暖的感觉。

生：“热乎乎”是拿在手上的感觉，而此刻她的内心是暖的，她的生活也是美好的。

师：第一位同学说的是直接的触觉，第二位同学能从指尖通向心里，这是很了不起的阅读能力。是啊，生活多么美好！那么，赖床时的英子是怎样的呢？

生：又愁又怕，恐惧。

生：可能会被罚站，害羞。

◆笑容灿烂的赵群筠老师。

生：“每天都是怀着恐惧的心情，奔向学校去”，还不如早点儿起床。

师：我非常同意你的观点。英子变了。你觉得她的变化说明了什么？

生：说明她长大了。

师：那你们能不能告诉我，什么是长大？

生：长大就是改掉懒惰的坏习惯，变得独立、勤奋。

生：长大就是不再需要爸爸妈妈的催促，能自觉地起床上学。

生：长大就是学会自觉，不用父母操心。

生：长大就是从幼稚、娇气变得懂事、成熟。

师：你们觉得长大好不好？

生：好，长大了可以做很多事情。

生：不好，因为长大了就不能撒娇，不能耍赖了。

（生七嘴八舌地议论）

师：我们来看看英子又是怎么说长大的。

我们是多么喜欢长高了变成大人，我们又是多么怕呢！

实录者语

电影是一种深受学生喜爱的课程资源，但在课堂内，电影只有在恰当的时间点出现，并且符合学生的情感节奏时，才能真正带领学生走入情境。而这一点正是赵群筠老师的高超之处。在电影中，英子那清澈而忧郁的眼神、天真而纯洁的微笑，父亲那苍白而虚弱的面庞、嘶哑而低沉的嗓音，都将学生带入小说那种悲伤的氛围之中。在这一教学环节中，学生的发言变得踊跃了许多，深入文字细节的阅读，让他们感到有话要说。

学生的声音

看完文章后，赵老师就开始提问了。但我发现，她并没有直接抛给我们一个问题，而是先让我们观看《城南旧事》的电影，给了我们一个视觉上的冲击，然后再让我们思考作者想要表达的。（胡瑶瑶）

赵老师想让我们通过观察电影中人物的神情来理解文字的含义，这种方法能让文字变得更形象、更生动。（褚开诚）

我觉得赵老师是个玩转生活和课堂的高手，她指导我们用生活的眼光贴近课文。（洪冉冉）

/ 第二幕 /　品味“闯练”，感受英子成长

师：英子为什么害怕长大呢？我们继续读课文。

生：从第 38 段到第 45 段，举了三个人的例子来说明当“我”渐渐长大时，原本很亲近的人都离“我”而去了，随着“我”的童年远去了。

师：是哪些人和事呢？你把这几段文字读一读。（生读课文）

> **宋　妈：英子，你大了，可不能跟弟弟再吵嘴！**
>
> **兰姨娘：英子，你大了，可不能招你妈妈生气了！**
>
> **蹲在草地里的那个人：长大了，我们看海去。**

生：这几段文字写了英子的几个朋友对她提出希望，让她觉得身上的担子重了。

生：因为长大了，她要承担很多责任，不仅要照顾弟弟和妈妈，同时还要鼓励自己。

生：她害怕更多的与她亲近的人离她而去。

师：老师非常理解大家的心情，当身边的人在你长大后渐渐离开时，你需要有一种勇气。好在英子身边还有一个人，在一直陪伴她长大。这个人是谁？他会对她说些什么呢？

生：她爸爸。

（生从文中找到爸爸说的话）

> **不要怕，英子，你要学做许多事。**
>
> **无论什么困难的事，只要硬着头皮去做，就闯过去了。**
>
> **闯练，闯练，英子。**

（生齐读这三句话）

师：你对这三句话中的哪一句最有感触？

生：第三句，父亲重复说“闯练”，强调让英子独立自主地去做事。

生：我对第二句话感触最深。这是爸爸对女儿人生的指导，他希望女儿在面对困难的时候，一定要坚持到成功。

生：我对第一句话感触最深。爸爸告诉英子说，“不要怕，英子，你要学做许多事”（“学做”一词，学生用了很重的音），虽然英子还有很多事情不会，但是没有关系，只要认真地学，努力地学，就一定能学会。

（生反复朗读三句话，师指导）

师：是啊，我们有一位同学在初读体验里说："这其中一次次的'第一次'与长辈的告诫，构成了英子的成长。也许作者是想告诉我们，一个人只有经过一次次的磨炼与打击，才会得到心灵的成长。只有这样，在面对突如其来的打击时才不会被彻底击败。人总有长大的一天，总有要独立面对一切的一天。"（用屏幕显示上述文字）这位同学所说的"突如其来的打击"是指什么？

生：英子的父亲去世了。

师：刚才我们说了，在成长的过程中，当身边的亲人一个个离开英子的时候，父亲却一直在她的身边鼓励她。然而有一天，父亲也要走了，这时英子又将如何面对？我们一起来读文章第 54 到第 68 自然段。（生读课文）

师：我们来讨论这两个问题：（1）哪些地方暗示爸爸永远地离开了？（2）面对爸爸的离开，英子的表现又是怎样的呢？

生："妹妹们惊奇地睁大了眼，摇摇头说：'是它们自己掉下来的。'"这石榴树是爸爸种下的，爸爸很喜欢，但石榴却自己掉下来了，这预示着爸爸发生了不幸的事情，并且和题目"爸爸的花儿落了"相照应。

师：我发现你在说"预示着爸爸……"时停顿了一下，我懂你忍住没有说的那个词语。

生："进了家门，静悄悄的"，这里的"静悄悄"暗示着爸爸的离开。"旁边的夹竹桃不知什么时候垂下了好几枝子，散散落落的，很不像样"，这里借着花儿暗示她的爸爸已经去世了。

生："快回家去！快回家去！……我好像怕赶不上什么事情似的"，这是英子的心理活动描写，说明心有灵犀。

生：还有老高的暗示，他说："大小姐，别说什么告诉你爸爸了，你妈妈刚从医院来了电话，叫你赶快去，你爸爸已经……"从省略号里，可以知道英子的爸爸已经去世了。

师：你们刚才说的都是同一件事情，但是作者为什么不把这件事直接说出来呢？

生：因为失去亲人是一件非常痛苦的事情，作者不用那一类词，是对去世的人的一种尊重。

生：不说，是因为不忍心。

师：其实，英子心里非常清楚，爸爸已经永远地离开了自己。面对这样的打击，她又会如何做呢？

生：第 65 段，“我从来没有过这样的镇定”，从这里可以看出，英子虽然知道父亲去世了，但她很镇定。

师：英子的镇定表现在哪里？

生：第 66 段，“我把小学毕业文凭，放到书桌的抽屉里，再出来”这句话，表明她很平静。而且我觉得这句话象征着她把她的童年也锁进了抽屉里，开始长大，开始面对。（掌声）

师：孩子，你的一个“锁”字讲得掷地有声，讲得老师眼眶湿润，我能想象生活中的你应该也跟英子一样懂事、善良！是啊，就是这样一个普通的细节，让我们深深感觉到，英子真的是长大了！

> **爸爸的花儿落了。**
>
> **我已不再是小孩子。**

（生齐读）

师：从这两句话中，你能读出什么？

生：读出惆怅，以及一种悲伤。

生：读到第二句的时候，我感觉到了一种责任感。

生：我从“不再是”中读出了猝不及防的哀伤。

生：我还读出了勇敢和生命的力量。

师：说得真好。我们读出了一种惆怅、一种无奈，更读出了一种责任、一种勇敢！（投影出示）

> **英子告别了盛满父爱的童年，从脆弱走向了坚强，从天真走向了成熟。象征着爸爸的爱与生命的花儿落了，但它在英子心中永不凋谢，甚至结出了丰硕的果实。**

◆赵群筠老师在上课。

实录者语

赵群筠老师的课堂有一个非常显著的特点，那就是对学生的尊重。她尊重学生的阅读起点，在授课之前仔细调查学生对文本的理解程度，并基于学情确定教学内容；她尊重学生的初读体验，并将之作为教学的切入口，用某位学生真实的阅读感受来唤起班级里其他孩子的思考，这种方式对学生来说是一种很新奇的体验。她善于在一些看似平常的细节中花工夫，让学生沉潜进去。通过对父亲三句话的细细品析，她让学生从中领会到，主人公英子是如何在父亲的鼓励下，经过一系列的“闯练”而逐渐成长的。

/ 第三幕 /　在骊歌中告别童年

师：《城南旧事》是一部自传体小说，作者林海音的小名就叫英子，她的父亲是在她 13 岁的时候离开她的。不知道大家注意到没有，这本书每一个故事的结尾，里面的主角都离“我”而去了，一直到最后一篇《爸爸的花儿落了，我也不再是小孩子》，亲爱的爸爸也去了，“我”的童年结束了，所以《城南旧事》写的就是“我”与童年的离别，写的就是一首骊歌。（板书“骊歌”，写在“落”与“不再是”中间的横线上下）

　　骊
落 ——→ 不再
　　歌

师：二十年后，林海音再回头看她的父亲，她在散文《我父》中是这样写的 ——

> 写纪念父亲的文章，便要回忆许多童年的事情，因为父亲死去快二十年了，他弃我们姊弟七人而去的时候，我还是个小女孩。在我为文多年间，从来没有一篇专为父亲而写的，因为我知道如果写到父亲，总不免要触及他离开我们过早的悲痛记忆。
>
> …………
>
> 在别人还需要照管的年龄，我已经负起许多父亲的责任。我们努力渡过难关，羞于向人伸出求援的手。每一个进步，都靠自己的力量，我以受人怜悯为耻。我也不喜欢受人恩惠，因为报答是负担。父亲的死，给我造成这一串倔强，细细想来，这些性格又何尝不是承受于我那好强的父亲呢！

师：我们现在能清楚地感到，父亲当时对英子说过的那几句话，已深深地刻在了英子的脑海里。后来，这本书被拍成了电影，其中的主题曲，就是《骊歌》。在看这部电影的时候，我被英子的笑容所深深感动（大屏幕动态出现电影中英子的各种笑脸）。我在想，这是一个什么样的女孩，竟可以拥有如此无敌的笑容？看完电影，看完书，我明白了，是善良，是聪明，是勇敢，是坚定。现在，我们来重温一遍这部老电影的开头部分，也来重温一遍这部小说里经典的文字。（播放电影《城南旧事》开头部分带独白的空镜头）

（当《送别》的音乐响起，师邀请一位女生和一位男生轮流朗诵大屏幕显示的文字——小说中的经典片段）

> 教跳舞唱歌的韩老师要从一、二、三年级的同学里，挑出几个人来，合着演唱“麻雀与小孩”。啊！那是多么好听好看的一出歌舞啊！老师会选谁呢？会选我吗？我心跳了，因为我喜欢韩老师！她

是我们附小韩主任的女儿。她冬天穿着一件藕荷色的旗袍，周身镶了白兔皮的边，在大礼堂里教我们跳舞，拉圈儿的时候，她刚好拉着我的手。她的手又热又软，我是多么喜欢她，她喜欢我吗？

我心有点儿跳，要拿的时候，不免向窗外看了一眼，玻璃窗外黑漆漆的，没有人张望，但我可以照到自己的影子，我看见我怎样拿出金镯子，又怎样把首饰匣放回衣服底下，推合了抽屉，我的手是抖的。

声音越细越小越远了，洋车过去，那一大一小的影儿又蒙在黑夜里。我趴着墙，支持着不让自己倒下去，雨水从人家的房檐直落到我头上、脸上、身上，我还哑着嗓子喊：

“妞儿！妞儿！”

我又冷，又怕，又舍不得，我哭了。

我是想，夏天过去，秋天、冬天就会来了，他还会常常来这里吗？天气冷了怎么办？如果有一天，他的弟弟到外国去读书，那时他呢？还要到草地来吗？我蹲下来，让眼泪滴在草地上，我不知道为什么会这么伤心？我曾经有过一个朋友，人家说她是疯子，我却是喜欢她。现在这个人，人家又会管他叫什么呢？我很怕离别，将来会像那次离别疯子那样地和他离别吗？

我要把天和海分清楚，我要把好人和坏人分清楚，我要把疯子和贼子分清楚，但是我现在却是什么也分不清。

夏天过去，秋天过去，冬天又来了，骆驼队又来了，但是童年却一去不还。冬阳底下学骆驼咀嚼的傻事，我也不会再做了。

可是，我是多么想念童年住在北京城南的那些景色和人物啊！我对自己说，把它们写下来吧，让实际的童年过去，心灵的童年永存下来。

（掌声）

师：我们今天的课就上到这里，下课。

实录者语

在经历了一节课的阅读后，学生非常需要一个情感升华点。在充满磁性而又沧桑的画外音中，学生仿佛感受到了来自作者的情感述说；在反复出现的《送别》音乐声中，孩子们通过大声朗读体会到了永别童年美好时光以及父亲去世给作者带来的切肤之痛；而之后在骊歌声中对这些饱含深情的文字进行的齐声朗读，更让他们的思绪飘到很远，很远。

学生的声音

我偷偷地转过头。报告厅里听课的老师们都安静地坐着听骊歌。他们是想起学生时代那段你追我赶、打打闹闹的时光了吗？他们是想起学生时代那些共欢笑共泪水的日子了吗？（梅可）

我闭上眼，回想着这一节课的过程。由开始的惴惴不安到结束时的感动，这一节课带给我许许多多。它已不仅仅是学习一篇课文那么简单了，它

更是一段人生的历程。（姜来）

从未有过如此的惆怅，也从未有过一堂课在我心中掀起如此波涛汹涌的时候，一时，竟忘了自己身在何处。沉湎于其中，不觉泪水在眼眶里打转，徘徊着，久久，不散。（郑心禾）

我们都是行路者，一步一步，往最高处走去。这条路没有尽头，也没有捷径。既然是必经之路，就请务必好好走下去，唱好人生中的每一首骊歌，不让离别的白白离别，失去的白白失去。（戴思群）

美好的约会何以成功

/ 郑桂华

阅读是一种以文字或文本为媒介的感情与思想交流。认知语言学认为，人们在交流时，会在特定的语境下对文字符号进行处理和加工，通过解读符号的编码方式来理解其中的含义。这里的认知语境既包括上下文这种由文字符号所组成的语言意义上的语境，也包括认知过程中由物质环境所形成的语境，以及个人特定的记忆、经历和对未来的期望所构成的阅读者的心理语境。这三类语境既各自独立，分别创造语意价值，又相互影响，共同作用，从而组成一个复杂而又随时处于变动状态的信息场。这个信息场，可能成为读者理解文本意义的依据，也可能成为干扰读者有效理解的噪音、导致文本理解错误的路标，甚至还会成为阻止读者进入文本世界的障碍。而阅读教学，从某种意义上看，是教师通过一定的设计和适当的教学活动，引导学生克服各种阅读障碍，建立与文本世界的联系，达成对文本意义的真正理解。

《爸爸的花儿落了》是一篇以儿童的眼光回忆童年经历、感念父亲影响的作品。对今天的中学生来说，由于年龄与文中的英子相差不多，因而他们在语言文字的理解上几乎没有什么障碍。于是，有些语文老师觉得这种文章没有什么可教的。这种想法是有问题的。对语文学习者来说，常见的阅读障碍有以下几种类型。（1）文字理解的障碍，例如文言文的阅读、外文资料的阅读，需要克服字词及语法的障碍。（2）文体方面的障碍，例如文学作品与社科文章、虚构作品与写实作品、连续文本与非连续文本等，阅读不同文体在目的和方法上是有区别的。（3）社会文化背景的障碍，例如年龄、性别、身份、生活方式以及价值观对读者产生的影响。（4）学习环境的障碍，例如课堂气氛、教师的风格、学习要求等因素。对本堂课的学习者来说，《爸爸的花儿落了》的阅读障碍固然不在一般意义的文字和语法方面，文体方面的障碍也可因这是一篇写实风格的小说而加以忽略，但是，社会文化背景和学习环境这两方面的差异对学生造成的理解障碍，在这篇小说的阅读中却不容忽视。这篇小说描写的生活发生在 20 世纪二三十年代的北平，距今已经快一个世纪了。百年间社会生活发生了巨大变化，书中提到的物品、地名、称呼、人物间的关系、生活习俗等，与今天已经大不相同。如果不加考虑，就有可能成为阅读障碍。再说学习环境。课堂学习是一种集体的学习，它不同于一个人的默读静思，相对而言，阅读者不大容易进入文本世界。同时，赵群筠老师执教的这堂课，与以往的课堂环境又有两个很大的不同：一是在大舞台上完成学习，多少带有点儿表演性质；二是教师与学生互不认识。这些都带给学生一种很不真实的感觉。如何尽快使学生消除这种不真实感，帮助学生突破文本理解的壁障，是衡量教师教学设计和教学活动成效的一个重要考察点。从赵老师的教学实录中，我们很容易看出她在这方面的努力。

一、借助文本相关信息，建立情感契合点

人们在沟通上产生的盲区甚至误解，很多时候都源于知识、经历、情感、文化及思维方式上的差异，而共同经历则有利于消除误解，提高沟通效率。《爸爸的花儿落了》中的主人公英子，在年龄、身份、品行以及与父母

的关系上，与今天的学生有着许多共同点，在教学中，赵老师充分利用了这一点，并将之作为学生与文本之间的契合点。

（1）年龄契合点

师:《爸爸的花儿落了》中的主人公英子，年龄跟大家差不多，刚刚小学毕业，马上就要读中学。

（2）身份和经历契合点

师：爸爸打得确实挺厉害的。如果是你，你会恨他吗？

生：尽管知道爸爸这样做是为我好，但是打得这么狠，我还是会有一点点儿的恨。

（3）情感态度契合点

师：你们觉得长大好不好？

生：好，长大了可以做很多事情。

生：不好，因为长大了就不能撒娇，不能耍赖了。

师：我们看看英子又是怎么说长大的。

除此之外，我们还看到，每一次引入一个契合点，教师都会把学生的理解推向深入，使教学活动达到一个小高潮。

二、以朗读为强化手段，促进学习者更好地进入文本情境

我们都有这样的阅读经验，如果外界环境比较嘈杂，阅读成效就会受影响。因此，我们会设法创造一个看似独立于社会生活之外的空间，这就是为什么咖啡馆要调暗灯光、电影院要拉起大幕、游戏厅要分隔成独立空间的原因。在语文课堂里，我们虽然不能借助物质手段实现与社会生活时空的隔离，但是我们可以通过朗读来创造一种精神或情绪的小环境（当然唱歌也有

这样的功能)。朗读能使学生在视觉、听觉以及注意力等方面达到高度的集中。赵老师深谙其道，短短一节课时间就安排了10次朗读活动，涉及的段落达全文的一半以上，有的语句还经过了反复朗读。从形式上看，有对课文前后语句进行的对比朗读，有对课内外材料进行的交替朗读，如果再加上教师布置的课前朗读作业，这节课的朗读活动应该开展得很充分了。

朗读能有效地引导学生走进文本。越是年龄小的孩子，越是自制力差的学习者，越是面对感性的文本，越是在复杂的学习环境下，朗读就越有效果。试想，如果这节课中的朗读部分换成教师讲解或师生问答，效果会如何呢？我想，如果是那样，教师与学生、学习者与文本之间就不大可能产生这样深入、有效的对话了。

在教学设计中运用朗读活动还有唤起学生注意、促进学生对重点语句的记忆、调节课堂教学节奏以及形成特定的课堂情绪氛围、强化和实现情感目标等功能。现场听过赵老师这堂课或仔细看过这篇教学实录的人，一定会对这节课的结束场面留下深刻的印象。在这个环节中，视频和音乐元素固然很重要，但我认为最点睛的还是学生的朗读。只有教师朗读，或者只朗诵名家的作品，都无法产生这样强的感染力。

三、补充丰富的材料，为理解文本提供更多的便利与可能

在这节课中，赵老师还采用了其他手段来缩短学生与文本之间的距离，如借助同名电影片段还原历史情境，帮助学生尽快走进文本世界，引导学生品味重点词语、分析关键细节，并对文本中的某些重要段落做定点学习，以达成深度理解。另外，她还补充阅读材料，通过延伸阅读来丰富学生的阅读经验。值得肯定的是，这些教学活动数量多，活动与活动之间的转换比较频

繁，但并不显得凌乱、琐碎，而是给人一种一气贯通的感觉。在我看来，这是因为这节课所有的学习活动都是围绕文本而展开的，是为理解文本内在的意蕴而服务的。

这节课的成功经验告诉我们，读起来是读进去的前提，读进去是理解的前提。在阅读教学中，教师不妨多花一些精力去消除学习者与文本世界之间的隔阂，去吸引学生主动地阅读。这节课的学习过程和目标达成情况也证明：教师所预设的阅读理解目标，会通过学生在阅读过程中不断的发现和体会，而逐渐变得清晰乃至最终被实现。

第一层理解目标：爸爸的花儿落了

/ 读出惆怅，以及一种悲伤。

第二层理解目标：什么是长大

/ 成熟和离别。

第三层理解目标：什么是真正的长大

/ 我感觉到了一种责任感。

/ 我从“不再是”中读出了猝不及防的哀伤。

/ 我还读出了勇敢和生命的力量。

一个学生在课后感言中写道：“我也问了自己，我长大了吗？”另一个学生这样写道：“我闭上眼，回想着这一节课的过程。由开始的惴惴不安到结束时的感动，这一节课带给我许许多多。它已不仅仅是学习一篇课文那么简单了，它更是一段人生的历程。”

相信引起学生的心灵触动，促使他们去思考与成长有关的问题，比直接告诉他们十条关于成长和责任的名言警句，对他们的成长要有意义得多。有的老师虽然也明白消除学生的阅读障碍对理解文本的重要性，但是他们往往不是花精力创造条件让学生读起来、读进去，而是或是忙于介绍背景和琐碎的知识，或是忙于向学生灌输自己的解读结论。而赵老师在这节课中，引导学生聚焦于核心阅读活动，这应该是有所考虑后所做的取舍。事实证明，这样的取舍有利于学习目标的达成。

我们经常说教学要以学生的发展为本，但要做到这一点，不是仅仅知道这一理念、掌握几个方法就能济事的，还需要教师对学生的充分尊重和信任、对学生学习状况的充分了解、对学习内容的充分把握，等等。唯其如此，课堂才能真正达到一种化境。赵老师的这节课听上去十分精彩，不仔细分析看不出有多少设计的痕迹，而这正是美好的约会得以成功的原因所在。

（郑桂华，上海师范大学中文系教授）

2.

父与子的关系式

小时候，你是我的一座山，
我从你这里走向了世界。
长大了，我想做你的山，
让你像小孩一样在我怀中休憩。

《背影》课堂实录

时　　间 / 2016 年 4 月
地　　点 / 杭州师范大学东城实验学校
实录整理 / 浙江省杭州市文澜中学　沈华

/ 前记 /

朱自清先生的《背影》是讲述父子关系的经典散文。在课堂里演绎经典之作，就要释放那种动人心魂或引人深思的力量，让学生在思考与共鸣中回归生活。在进入赵群筠老师的课堂之前，我一直满腹疑惑：赵老师哪里来的勇气选择《背影》做公开课展示？她又将如何带领孩子们攀登《背影》这座经典的山峰，并在教学中唤醒孩子们的生活经验和情感体验？

与在场所有的听课者一样，我在惊讶、期待、激动交织的心情中等待着赵老师讲《背影》，从课堂的第一幕到第五幕，我目不窥园，耳不旁听，不知不觉陷入其中：担心与怀疑烟消云散，我的记录与思考足以说明一切。

/ 第一幕 /　　聊父亲 —— 生活中的父亲和漫画中的父亲

师：这里上课与平时有什么不一样?

生：有很多老师看着，紧张。

师：不要紧张，来，跟老师拉拉手。现在你的感觉怎样了?

生：好多了。

师：很好。与爸爸关系特别好的同学有没有? 请举手示意一下。

师：都是女生啊！请这位女生说说。

生：我和爸爸关系很好，经常和他说说话。

师：男生与爸爸的关系怎么样?

生：接触时间少。

生：我爸爸经常唠叨，说大道理。

师：看来每位同学对爸爸的感觉不太一样，我们一起来看两幅漫画。

（出示漫画《父与子》片段）

◆父亲签名

◆孩子吵架大人闹

师：漫画里讲了两个小故事，看懂了吗？

生：这位同学考试考得不好。老师要他回家让爸爸签字，他就想了个办法，在一张纸上写上自己的名字。他爸爸也学他的样子写，但是把眼睛捂了起来，这样就看不见。

师：爸爸为什么要把眼睛捂起来？

生：怕看见成绩。

（其他学生纷纷举手，表示有不同意见）

生：儿子把眼睛捂住写，然后他爸爸觉得这样很好玩，就模仿了。

师：结果呢？

生：结果爸爸就写在了儿子伸出来的卷子上，儿子偷了一个签名。

师：（笑）“偷”字用得不错，有生活情趣。第二个故事呢？

生：儿子和另外一个同学打架了，就找他爸爸帮着报仇。（众生笑）另一个同学的爸爸也来了，结果两个爸爸吵起来了，吵着吵着就打起来了。可是，这个时候两个小孩却和好了，在一起玩。

师：看了这幅漫画后，你对这位爸爸留下了什么印象？

生：爸爸很傻。

生：爸爸很可爱。

生：他很爱儿子。

师：哦，你的想法跟他们不一样，为什么？

生：因为父亲可以为了儿子做很多事情。

师：我也有同感，爸爸是很爱儿子的。可能因为我的年龄和阅历与大家不同，所以看了以后心里会有点儿酸，但也会有暖暖的感觉。我们的父亲在我们成长的过程中，就像你说的，会为我们做很多很多事情，而且有些是很傻的事情，但是你说他真的是傻吗？不是的，父亲，就是那位为了我们的成长，心甘情愿地做一些傻事来陪我们长大的男人。今天，我们要学习的一篇散文，就是有关父与子的故事的。

实录者语

《背影》一课体现了赵老师极具个性的课堂魅力。她从容地与孩子们聊天，闲谈中有肯定与鼓励，有启发与铺垫，也有等待与倾听。大道至简，任何繁复的教学设计最终都要回到孩子。在观察赵老师教学的过程中，我不禁有这样的感受：课堂是孩子的课堂，文本也是孩子眼中的文本，尊重孩子的初始体验就是尊重孩子的学情，尊重孩子的成长。

/ 第二幕 /　聊感受 —— 他人眼中的父亲和自己眼中的父亲

（师指定一生朗读以下材料）

1. 这是一个普通的中学国文教员的永恒记忆：一九四八年八月十三日，走出家门，就看见一群小学生在争着抢着地看一张当天的报纸，其中一个惊慌地喊道："老师，作《背影》的朱自清先生昨天死了！"看到孩子们那种怆惶悲戚的神情，不禁无言地流下泪来。

2. 父亲节那天，用"百度"可搜索到 28700 个中国网站或博客转载了朱自清的《背影》，把它作为对父亲最好的感谢和祝福，共有几十万人回了帖子。有个叫"雪帘栊"的网友说："今天是父亲节，友人在空间转发了朱自清的《背影》，我不敢看，也用不着看了。每看一次，感触就多出几分。许是经历生死离别后，再看才有了切实的痛感。谨以朱自清的《背影》，献给天下所有的父亲。"

（生读完第一段后，师提醒："你的普通话很标准，声音也很好听，只是朗读时要注意标点符号处的停顿。"生继续读第二段材料）

师：是啊，这是一个怎样的朱自清呢？他的去世能让一个小学生仓皇失措，让一个普通的中学老师无语流下泪来。那又是一个怎样的"背影"呢？它能够至今牵动着这么多人的心弦。昨天大家都看了这篇文章，我很想听一听你们看了文章后的第一感觉，请用一句话来表达。

生：我觉得这篇文章的语言虽然很朴素，但是流露出作者对父亲的爱。

师：哦，你的点评有点儿语言评论家的口气。

生：我觉得这个父亲很爱儿子。

师：嗯，你读出了父亲对儿子的爱。

生：我觉得可怜天下父母心。父亲为"我"买橘子，"我"明明可以自己做到，但是父亲还是坚持去做。

师：对啊，你想不太明白，是吗？（生点头）

师：那我们等会儿到文中去找找答案。

生：父亲生活得很艰辛，但是没有在儿子面前表露出来。

师：你读得有点儿深刻了，读出了父亲的内心感受。好，看来每个人心中都有自己的背影，那我们就把目光停留在那个背影的特写镜头上——

实录者语

课堂教学与文本解读一样，需要有适切的路径。赵群筠老师深谙课堂的玄妙之理，知道好的语文课，其主问题的设计必须来自文章。在《背影》一课中，她"就文取材"，直接从"背影"切入文本，让孩子们聚焦背影，体会父子之间无声的交流，从而让语文课变得更有语文味。

/ 第三幕 /　聊父子感情——父亲蹒跚的背影和儿子深情的凝望

> **我看见他戴着黑布小帽，穿着黑布大马褂，深青布棉袍，蹒跚地走到铁道边，慢慢探身下去，尚不大难。可是他穿过铁道，要爬上那边月台，就不容易了。他用两手攀着上面，两脚再向上缩；他肥胖的身子向左微倾，显出努力的样子。**

师：请大家带着自己对生活的体会，轻声朗读这段话，然后思考：这是一个怎样的背影？你是从哪个词看出来的？（生轻声地读）

师：我们再一起齐读这一段文字。

（师生齐读，师提示生放大音量，放慢速度）

生：这是一个年迈的背影，因为他是“蹒跚地走到铁道边”的，并且是“慢慢探下身去”。这些动作虽然简单，但是做起来还是有些困难的。

师：很好，你观察了他的动作，注意到了文中的动词。

生：这是一个肥胖的背影，因为文中写了“他肥胖的身子”。

师：不错，很直观的感觉。

生：这是一个努力的背影，文中描述他爬月台时很困难，但他很努力。

师：你能找到描述他很努力的动词吗？

生：攀、缩、微倾。

师：请你大声地、有感情地把这句话读一遍，注意这几个动词的表现效果。

生：（朗读）“他用两手攀着上面，两脚再向上缩；他肥胖的身子向左微倾，显出努力的样子。”

师：“攀”说明了什么？

生：月台高。

师：再来看一个动作，“两脚再向上缩”，这又说明了什么？

生：说明他的脚是离开地面的。

师：是的，离开地面，如果脚挨着地面我们用什么词？

生：踮。

师：这说明月台高到什么程度？

生：比人还高。

师：老师查了资料，据说当时的月台一般有一米八高，而朱自清父亲是一米六八的身高。我们能想象当时的他有多努力了吧！一起把这两句话再读一读。

（生齐读）

生：这是一个质朴的背影，因为“他戴着黑布小帽，穿着黑布大马褂，深青布棉袍”。这里强调他衣服的质地是布，穿着十分朴素。

师：当时比较好的布料应该是丝绸，可朱自清的父亲为什么要穿布制的衣服呢？我们能否从前文中找到一个词来印证他只能穿布的，或者比较便宜的衣服？

生：在第 3 段，“回家变卖典质，父亲还了亏空；又借钱办了丧事。这些日子，家中光景很是惨淡”，“惨淡”一词。

生：我认为是“赋闲”。“赋闲”是指失业，没有工作，也就是说，他没有了经济收入。

师：这段话中作者还写了“一半为了丧事，一半为了父亲赋闲”，这是谁的丧事？

生：祖母。

师：你觉得一个人在他母亲去世时会有怎样的心情？

生：悲伤。

师：所以父亲在爬这个月台的时候，他不仅要顶着经济上的压力，还要承受着心理上的沉痛。大家读出了这是一个努力的背影，这是一个质朴、带有一点儿悲伤的背影。同学们，当朱自清看到这个背影的时候，他有怎样的反应？书上写了一句什么话？

生：“这时我看见他的背影，我的泪很快地流下来了。”

（师提示生有感情地读，放慢语速，重读“很快”一词）

师：当时朱自清的父亲陪他到车站，在真正分别的那一刻，朱自清是这样写的：

> **他的背影混入来来往往的人里，找不着了，我便进来坐下，我的眼泪来了。**

师：在这句话里你能找出像上一句中“很快”这样有情感分量的字词吗？

生：好像没有。

师：现在我们加上几个词，你再来读读：

> **（等）他的背影混入来来往往的人里，（再）找不着了，我便进来坐下，我的眼泪（又）来了。**

（生读，“等”“再”“又”等文字标红）

生：“等”“再”这两个字说明朱自清看了父亲的背影很久很久，直到看不见；“又”说明他不止一次落泪。

（师指导生再读，“等”“再”两个字的声音拖长，“又”字重读）

师：这几个字很普通，但是用在这里却放射出别样的光彩。当父亲的身影在儿子的视野中慢慢地消失，他在儿子的心目中，或在我们的心中，留下了什么样的形象？

生：父爱如山。

师：（在黑板上用简笔画画了一座山和一条河）是的，这位父亲是一座大山，他希望他的儿子就像萦绕在他身边的河流，轻松、欢快地走自己的人生。这应该是所有父亲的心愿吧。

/ 第四幕 /　聊“对话”—— 晚年父亲的期待和成年儿子的理解

师：但是，你们觉得这个背影会一直这么高大下去吗？我们来看另一个背影。（播放视频）

> **他写了一信给我，信中说道：“我身体平安，唯膀子疼痛厉害，举箸提笔，诸多不便，大约大去之期不远矣。”我读到此处，在晶莹的泪光中，又看见那肥胖的，青布棉袍黑布马褂的背影。唉！我不知何时再能与他相见！（视频中朗读的文字）**

师：同学们，你们在这里又看到了一个怎样的背影？

生：我看到了一个年迈衰弱的背影，因为文中说他“身体平安，唯膀子疼痛厉害”，感觉他已经体弱多病了。

生：我看到的是一个孤单、寂寥的背影，因为他膀子疼痛厉害，有诸多不便，而这个时候他的儿子却远在北京求学。他的身边没有亲人帮助他。

师：父亲写这封信的时候，朱自清还是学生吗？

生：不是，从“惦记着我的儿子”可以看出，“我”已成家，这封信是我求学多年后父亲写给“我”的。

生：这是一个很爱儿子又不想让儿子担心，同时又非常脆弱的父亲。

师：（赞许）很矛盾，是吗？我们来看看父亲的来信。

> **我身体平安，唯膀子疼痛厉害，举箸提笔，诸多不便，大约大去之期不远矣。**

师：结合这封信，你再来说一下，你从哪句话看出这是一个不想让儿子担心的父亲？

生：“我身体平安。”

师：你又从哪里读出了一点儿脆弱？

生：就是“举箸提笔，诸多不便”，连举筷子和拿笔都非常不便，这说明他已经痛得不行了。

师：这是一个孤独而脆弱的父亲，刚才那个坚强的父亲到哪儿去了？

生：儿子不在身边，他就会比较（停下思考怎样表达）脆弱。

师：思念是一种痛，当痛到深处的时候，心就脆弱了，对不对？

生：刚才那句话是前后矛盾的，但是作为一个传统的父亲，这是他习惯性的表达。

师：其实还有一个原因，父亲在写这封信的时候，在他们家里又多了一个父亲，是谁呢？

生：朱自清。

师：你从哪里看出来朱自清那个时候已经当爸爸了？

生：“只是惦记着我，惦记着我的儿子。”

师：哦，你读得很仔细。我能问一下，你的爷爷还在吗？

生：（点头）在的。

师：爷爷对爸爸是一种什么样的感情？

生：（不好意思，笑）爷爷好像有点儿怕我爸爸，很听我爸爸的话。

生：我知道了，儿子长大了，已经是父亲了，而父亲老了，想找个肩膀来靠一靠。

师：（频频点头）嗯！所以，他后面这句话是情不自禁的流露。好，我们一起来读一读。

（生齐读父亲的来信）

师：父亲对儿子的依恋，源于儿子已经成为另外一座高山。现在我要请一位男生为这位父亲画上一座高山。就你吧，你离黑板最近，离机会也最近。记住，一定要画得比我的这座山更强壮一点儿。（生画图）

师：好，谢谢，果然比我画的要强壮，就像现在的爸爸比爷爷要强壮。同学们，以上我们细读了两个完全不同的背影。从这两个背影中你想到了什么？

生：不同年龄的人对背影的感受不一样。

生：父亲原来很爱儿子，想要保护儿子，后来却变得想要依赖儿子。

生：我也读出了儿子的变化，原来他对父亲很不以为意，可是后来却很能理解父亲了。

师：大家都说得很好，说出了父子对爱的各自理解，那我们是不是可以说，如果说父亲爬过高高的月台为儿子买橘子是一种爱的表达，那么我们刚读的这封信，就是他对儿子的一种爱的期待？

父亲：爱的表达和期待……

师：你认为朱自清会怎么回应父亲对他的这份期待？我们来看他在《文艺知识》连丛第一集之三中写的一段话。

> **朱自清曾说："我写《背影》，就因为文中所引的父亲的来信那句话。当时读了父亲的信，真的泪如泉涌。我父亲待我的许多好处，特别是《背影》里所叙的那一回，想起来跟在眼前一般无二。我这篇文只是写实……"**

师："写实"是什么意思？

生：记录真实的场景。

师：朱自清在第一次看到父亲背影的时候，他的"泪很快地流下来了"；父亲在他的视线里消失之后，他的"眼泪又来了"；而当他看到父亲这封信的时候，更是"泪如泉涌"。你觉得这些泪水包含了什么样的情感？

生：思念、愧疚、感谢。

师：有人说过这样的话：

> **《背影》所用的语言和手法，并不是诗意的描绘，它不像《荷塘月色》《绿》那样，用那么多的排比句法，那么多的美丽比喻，以及很复杂的诗意的技巧。《背影》基本上是叙述，也许可以称之为"白描"。父亲那些"不够潇洒"的动作，却使作者和读者感动了。**
>
> **——《孙绍振如是解读作品》**

师：我们说，若能够从质朴的语言中读出情感来，那是真正地走进了作者的心里，是真正的会读文章。我们再来读读文章的结尾，边读边思考这段话体现了儿子对父亲怎样的情感。

（生自读，边读边画。师请生读，并提示要结合语境）

师：你从这段话中读出了儿子对父亲的哪些情感?

生：读出了儿子对父亲的心疼，因为文中写道："他少年出外谋生，独力支持，做了许多大事。哪知老境却如此颓唐！"

生：读出了儿子对父亲的思念。朱先生与他父亲最初关系不太好，但是后来分开之后，彼此却开始互相想念。

生：读出了作者心中的害怕。这段话呈现的画面是一个渐行渐远的背影，但是作者却抓不住了，他害怕失去他的父亲。

师：孩子，你说到"害怕"这个词让我很感动。我们的亲人都会慢慢离我们远去，当我们回望岁月时，会发现我们越来越能理解他们、包容他们了。我们再来看看这一段文字：

> **近几年来，父亲和我都是东奔西走，家中光景是一日不如一日。他少年出外谋生，独力支持，做了许多大事。哪知老境却如此颓唐！他触目伤怀，自然情不能自已。情郁于中，自然要发之于外；家庭琐屑便往往触他之怒。**

（一生读）

师：这位同学读得有点儿紧张，有点儿激动。不过，好像有几个字没有读准，"触目伤怀""情不能自已"，还有一个"颓唐"。来，跟老师读"颓唐"。

生：颓唐。（跟读了两遍）

师：很好。你能从这一段话中读出儿子对父亲的哪些情感？

生：从“哪知老境却如此颓唐”中，我读出了儿子对父亲的同情。

生：我不同意，这里应该是怜惜，而不是同情。

师：我也倾向于“怜惜”。

生：“情郁于中，自然要发之于外；家庭琐屑便往往触他之怒。”我觉得这就像我现在的心情，有些事情会让我比较恼火，但同时，这说明“我”已经开始理解父亲了。

师：从哪些词看出来的？

生：自然，往往。

师：自然是什么意思？

生：自然就是不特殊，本该这样。

师：父亲发火是应该的，是可以理解的。很好，你叫什么名字？

（其他学生：王浩然）

师：嗯，王浩然教给了我们阅读文章的时候可以联系自己的生活经验。我们一起来把这段话读一读，好不好？

（生齐读：“他触目伤怀，自然情不能自已。情郁于中，自然要发之于外；家庭琐屑便往往触他之怒。”）

师：这几个副词很普通、很平常，但我们却读出了一个儿子对父亲的——

生：理解。

师：理解，是一种非常具体的爱的方式。我想问问大家，作为父亲的朱自清，他会怎样对待他自己的儿子？他会冲着儿子发火吗？

生：（轻轻地摇头）不会。

师：大家都觉得朱自清不会对自己的儿子发火，是不是？

生：（全体默默地点头）是。

师：我们一起来看一下朱自清的儿女们是怎样评价他们的父亲的。

我们的父亲朱自清（节选）

——访朱自清先生的儿女们

父亲四十多岁以后脾气有些暴躁，我们小孩子都不敢惹他生气。然而父亲依然是那么谦虚，连让我们帮他做件小事都要用“请”字。我长大以后回想起与父亲一起生活的时光，才体会出他那时的暴躁实在是因为心头压了太多东西，国事、家事、身为一个文人的种种心事，使他受了多少折磨啊！

——朱思俞（小儿子）

我每次读到《背影》这篇文章，眼前就好似有一个蹒跚、辛劳的父亲的背影，只是这背影是朱自清先生自己的，所以更加瘦弱憔悴。

——朱闰生（大儿子）

（师读第一段，并请生读第二段）

生：朱闰生很心疼他的父亲，就像朱自清心疼他的父亲那样。

生：我们看到了生命的循环和轮回。

生：我读出了爱的代代延续。

父亲：爱的表达和期待……

儿子：爱的理解和延续……

实录者语

语文课能给孩子带来什么？语文与其他学科的差异在哪里？语文课的尊严怎么体现？这是我听赵老师讲课时产生的思考。

语文课最终要指向孩子，要关照孩子的成长，要给孩子打下精神的底色。在这堂课里，赵老师启发学生解读和关注文本中的父子亲情，思考和珍惜生活中的“背影”，体会伟大和深沉的爱。这样的语文课，将爱的情感种子播撒在每一个孩子的心田。

/ 第五幕 /　聊思考——作者目送背影和读者思考背影

（师生配乐诵读以下文字）

> 1928 年，我家已搬至扬州东关街仁丰里一所简陋的屋子。秋日的一天，我接到了开明书店寄赠的《背影》散文集，我手捧书本，不敢怠慢，一口气奔上二楼父亲卧室，让他老人家先睹为快。父亲已行动不便，挪到窗前，依靠在小椅上，戴上了老花眼镜，一字一句诵读着儿子的文章《背影》，只见他的手不住地颤抖，昏黄的眼珠，好像猛然放射出光彩。
>
> 父亲在看到《背影》的几年后，便去世了，他是带着满足的微笑去世的。
>
> ——朱国华《朱自清与〈背影〉》

师：朱自清和他的父亲是幸福的，因为他们共同拥有了“背影”；而我们也是幸运的，因为我们读到了《背影》。但要真正读懂《背影》，可能还需要我们具备更多的生活体验。也只有随着岁月的流逝，随着情感的丰富，我们才有可能透过“背影”去感悟深沉的父爱。有人为此写了一首歌，我们一起来听一听。（播放黄磊演唱的根据朱自清《背影》创作的歌曲，同时屏幕显示歌词）

背　影

词 / 许常德　曲 / 张洪量

火车就要开了

我就要走了

离别就要来了

话怎么说呢？

眼看天气秋了

叶子在哭了

转身是背影了

你就进了往事了

我知道这以后

以后的以后

可能再见不到你了

只是那时候

极不愿意承认这念头

于是你转身后

转身了以后

那背影在这么多年以后

还能够鲜活的

在我的眼眶中微微颤抖

微微颤抖

师：当我们走进《背影》的世界，我们不仅看见了亲情相拥、血脉相连，还看见了人生的轮回。那么，我们该在自己的人生路上留下一个怎样的背影呢？这节课到这里，就到这里吧。下课。

/ 后记 /

“这节课到这里，就到这里吧。”当赵老师柔和的下课告别声传来时，孩子们的目光里流露出不尽的惊讶与不舍。

《背影》一课犹如投入孩子心湖中的石子，泛起了阵阵情感涟漪。有限的课堂时间，却给予人无限的思考天地。下课后，我将调查问卷发给几个孩子，迫不及待地想听一听孩子们的心声。

学生的声音

在上课过程中，我不由自主地想起了我的爸爸和爷爷。爸爸对我说：

“你爷爷年纪大了，举止也像个小孩子，但那又怎样呢？最后几年，活得拘束倒不如活得快活。”虽然是轻描淡写，但我体会得出他对爷爷那份质朴却又深沉的爱。（徐影）

老师绘声绘色地上课，带我们进入那充满父爱的《背影》中，体会父亲的辛苦。我与朱自清一般无二，眼中多次噙满泪水。父爱真的很伟大。（尚雅芝）

最后一个自然段，大家读出了很多：不舍、依恋、期盼……我却无端地读出了害怕。看着父亲的背影渐行渐远，我很害怕，害怕父亲终有一天会离我而去，而我只能站在原地，把那个背影铭记一生。（陆潇杭）

人生就是一种轮回。

老了，便会渐渐地返璞归真，会依赖子女，会耍耍小孩子脾气。

长大了，也会渐渐地学会理解和包容，会理解父母的诸多不易，会包容父母孩童般的脾气。（卢羽）

我与赵群筠老师同上《背影》 / 沈华

我与赵群筠老师结下的课堂之缘始于 2008 年。

在此之前，赵老师在杭州市拱墅区教师进修学校主持教育科研工作。当时，我只听说她是一位中学语文特级教师，她的语文课堂散发着迷人的气息。但平素我们并无深入交流的机会，只是互发过几封谈语文教学的邮件。

一

百闻不如一听。2008 年，赵老师在浙江省特级教师教学展示活动中上了《背影》一课。那是我第一次近距离听她的课。我醉倒在她的《背影》之中，并第一次开始打量和反观自己的语文课堂，第一次丈量与名师课堂的距离，第一次为自己的语文课感到惶恐不安。

入职之初，经验匮乏，但是我在语文教学上的勤勉不懈，受到了赵老师的关注与肯定。她希望我能振翅翱翔在更广阔的天空，能有更多磨砺的舞台。她将我推荐给了时任浙江省初中语文教研员的蔡少军老师。蔡老师领衔的浙江省初中语文青年教师研究小组云集了全省初中语文教学的诸多精英与干将，要想进入这一小组，必须经过严格的考核。2008 年 5 月，赵老师与蔡少军老师到我们学校进行教学调研，听我上《小石潭记》。课后我才得知蔡老师此行目的之一，就是想通过我的课考察我的教学水平，并以此评判我能否进入研究小组。那天，我语文的天空布满阴霾，我的心情跌落至寂寥无人的小石潭。晚上赵老师发来短信："沈华，继续努力！"

有了这次铩羽的经历，我深知语文教学之路不易。2008 年 9 月，浙江省农村义务教育课程改革"携手行动"在浙江省丽水市云和县进行。蔡少军老师、赵老师和我等几个人前往云和，与当地的老师同课异构。此行既为支教，又为研究小组选拔新人之用。因为课题在到达当日才被告知，并在第二天马上上课，此中的压力可想而知。

拿到的课题竟然是《背影》。经典的课文，经典的教例，我不知所措。赵老师让我先静心解读课文，理出思绪，解决《背影》要教什么的问题。那时的我，迷信深度解读，追求标新立异，"教得深，上得新"成了自己理想中的语文课堂特色。当赵老师问我《背影》准备教什么的时候，我提出了"生命的轮回""每个人都是一道背影""生命的离别"等概念。赵老师听后，顿了顿，说："这些作为个人解读可以，但是在课堂中进行教学就不合适。课堂教学要在学生关注的地方进行展开和引导。一个文本教到什么程度，最终要基于学生。"随后她问我，学生从《背影》中首先会读出什么？"父子情深，父爱子，子爱父。"我脱口而出。在赵老师的启发下，我重读了《背影》，从文本的情感流入手，感受朱自清父亲的爱子之心和恋子情怀，体会朱自清在人生的不同境遇中对父亲的复杂情感。是的，一堂课不在于教得如何深邃，而在于在尊重文本特质、尊重学生认知的前提下教得入情入理，用文本的语言撞击学生的思维，唤醒学生对文本和生活的情感体验。

二

教什么定下来后，备课之路就变得明朗而宽广起来。然而，如何快捷有效地引导学生关注文本？如何找到文本阅读的“引爆点”和“黏合剂”？如何设计牵一发而动全身的问题“切口”？这不仅考验教师的阅读功力，也体现教师的课堂智慧。赵老师深谙语文教学的玄妙之理，坚持语文课的主问题必须来自文本。她讲《背影》的第一个主问题便是直接从文本的关键词“背影”入手的，单刀直入——“这是一个______的背影，我是从______（词句）看出来的”；她讲《春酒》，则从琦君写母亲的一句“鞋差分，衣差寸，分分寸寸要留神”进入，紧紧抓住“分寸”来分析母亲的形象；她讲《爸爸的花儿落了》，将小说结尾处“爸爸的花儿落了。我已不再是小孩子”作为打开全文解读的窗口；而她讲《风筝》，则是以“虐杀”为关键词，探讨兄长对弟弟曾经的精神戕害。问题必须从文本的语言中来，并引发学生对文本、对语言的关注，只有这样才能让语文课变得更有语文味。

通过与赵老师的交流，我豁然贯通。所谓“弱水三千，只取一瓢饮”，进入文本的路有千万条，而我最应该选的，是最契合文本的那一条。在介绍了《背影》的创作背景之后，我抛出了第一个主问题。

师：朱自清说：“我写《背影》，就因为文中所引的父亲的来信那句话。当时读了父亲的信，真的泪如泉涌。我父亲待我的许多好处，特别是《背影》里所叙的那一回，想起来跟在眼前一般无二。”（幻灯片出示）

师：其实，朱自清何止是面对父亲的来信“泪如泉涌”，他面对父亲和父亲的背影时也曾不止一次地流泪。请大家默读课文，拿起笔来找一找，“我”流泪几次，流泪的原因分别是什么。

在备课中，赵老师反复提醒我要关注语言的细节，“字字未宜忽，语语悟其神”，语文老师的魅力就在于教会学生从不为人注意的语言细微处读出滋味，语文的魅力就在于释放每个字词的光芒。赵老师自己的《背影》课堂，就散发着如此的魅力。比如，她对两处副词“自然”的把玩：“哪知老境却如此颓唐！他触目伤怀，自然情不能自已。情郁于中，自然要发之于外；家庭琐屑便往往触他之怒。”两个副词很平常，学生却从中读出了儿子对父亲的理解。在这样的阅读教学理念的指引下，我在《背影》课堂中也对副词进行了“咬文嚼字”。

师：因为父子别离，不舍之情便涌上心头。让我们读一读这句话：“等他的背影混入来来往往的人里，再找不着了，我便进来坐下，我的眼泪又来了。”

（生读，幻灯出示）

师：我们再读一读这句话：“他的背影混入来来往往的人里，找不着了，我便进来坐下，我的眼泪来了。”

（生读，幻灯出示）

师：我们把这些删去的副词圈出来。有时候，文中的某些副词在表情达意上往往能起到画龙点睛的作用。大家细细品味这些副词，能品出哪些味道？

阅读教学要在无疑中生疑。赵老师的《背影》课堂中，学生讨论父亲过月台时为何用两手“攀着上面”。此时，赵老师及时补充民国时期月台的高度和朱自清父亲的身高，并由两者的高度差引发学生想象，体会父亲爬月台时的“努力”。赵老师的这种阅读姿态，也促使我在课堂中不遗余力地鼓励学生质疑。

师：老师找来了父亲过月台的插图，你们觉得这张图能准确表现父亲过月台时的艰难吗？结合文章内容说说，前后交流下。

（幻灯显示：动作艰难？动作不艰难？）

生：我们觉得这张图可以表现出父亲动作的吃力和艰难，因为图片上父亲的动作和文章中的描写是吻合的，如“肥胖的身子向左微倾”。

生：我们觉得不可以，因为作者说父亲“用两手攀着上面”，“攀”说明月台很高，比父亲个子高得多，而这张插图中父亲的手是“扶”着月台的，显得很轻松。

生：我们也觉得不可以，因为文中父亲是“两脚再向上缩”的，说明他的身高不够，只能攀住月台使劲往上蹬，而插图中的父亲是抬起右脚跨过去的，说明月台很低，很容易过去。

师：同学们读书看图都很仔细，“尽信书不如无书”，就是这个道理。

语言文字的灵魂是情感。阅读教学如果能为学生营造出各种体验情感的生活情境，文字中的情感就会如涓涓细流汇入心田，让人变得柔软，让人变得灵动，让人变得丰盈。赵老师在她的《背影》教学中，通过与学生一起读父亲的来信，巧妙地带领学生出入文本与生活之间，体会父亲此时的难言之情。

师：哦，你读得很仔细。我能问一下，你的爷爷还在吗？

生：（点头）在的。

师：爷爷对爸爸是一种什么样的感情？

生：（不好意思，笑）爷爷好像有点儿怕我爸爸，很听我爸爸的话。

生：我知道了，儿子长大了，已经是父亲了，而父亲老了，想找个肩膀来靠一靠。

在备课过程中，赵老师帮助我构思生活情境，搭建语言与生活的桥梁。比如，为了理解文中父亲“心里很轻松似的”这种情感，她建议让学生先回到自己的生活中去体会类似的情感。于是在我第二天的课堂教学中，就有了以下教学片段：

师： 同学们，我们在生活中有没有类似的经历：父母其实很累，但在你面前却表现得很轻松似的？

生： 每个周末回家，妈妈总要张罗一桌好菜。妈妈尽管很忙很累，但表现出很轻松的样子。

生： 我有一次发高烧，从医院挂盐水回来，因楼层高，上楼很吃力，爸爸就把我背上楼。尽管他气喘吁吁，但到了家，却一脸轻松的表情。

师： 同学们的感受很细腻。父爱往往是深沉无言的。

三

就这样，从文本解读到教学设计，赵老师与我一路相伴。我甚至还拉她当我的上课学生，模拟课堂教学。这位学生不断变换角色，一会儿专注地听我上课，一会儿又指出我上课中的不足。我们折腾到了深夜，还意犹未尽。

9 月的天气依然酷热难当。在山区小县城的一间简陋教室里，头顶上的吊扇慢慢地转着，间或发出嘎吱嘎吱的声响。那天，我上完《背影》，虽是大汗淋漓，内心却酣畅无比。

在课堂上，学生模仿朱自清的口吻给父亲写了一封回信。有学生写道："父亲，我身体无恙，只是多年不见，往事点点滴滴浮现心头。唯愿时光慢些走，能再与您相见，如此则此生不枉矣。"也有学生这样写："父亲，儿子在京一切安好。今收到您的来信，读完不禁垂涕，恨不能陪伴您身边。而今在京事务繁多，有归心却不能成行矣。提笔成文，心头满是愁绪。唉，不知何时再能与您相见！"

多年后，赵老师还对我说："那天，我听到了你最好的一节课！"

赵老师的《背影》一课，又何尝不是她给我们书写的最美、最绚烂的一笔呢?

而我，也感谢陪我一路走来温暖我的赵老师。因为语文，因为赵老师，我的教学之路尽管坎坷颠簸，但我不再感到迷惘无助。我将坚定地一路前行。

在多角度的观照中解读深沉的父爱

/ 黄厚江

《背影》是名篇，教学《背影》的名课也不少，但赵老师的教学自有其鲜明的特色。我以为，这节课最显著的特点是带着学生多角度地对文本进行观照，在文本的穿梭中感受深沉而丰富的父爱。

一、“我们”的父亲和漫画中的父亲——由外而内的文本审视

教学的第一个环节是“聊父亲”。

聊的内容有两个，一个是“生活中的父亲”，一个是“漫画中的父亲”。教学一开始，赵老师就问：“与爸爸关系特别好的同学有没有？请举手示意一下。”简单交流后，她让学生一起看两幅漫画，并指名讲述漫画的故事。表面上看，漫画的内容跟文本的联系并不紧密，但赵老师的几句话却使漫画的意义指向和文本的阅读有了紧密的关联。在与学生交流之后，她深情地说道：“可能因为我的年龄和阅历与大家不同，我看了以后心里会有点儿酸，但也会有暖暖的感觉。我们的父亲在我们成长的过程中，会为我们做很多很多事情，而且有些是很傻的事情，但是你说他真的是傻吗？不是的，父亲就是那位为了我们的成长，心甘情愿地做一些傻事来陪我们长大

的男人。”

这是教学的起始环节，其目的，一是引入“父亲”这个话题，二是为教学的展开进行铺垫。学生对父爱的感受和理解之单薄是赵老师预料之中的，甚至可以说也是她所需要的。

二、他人的《背影》和我们的《背影》—— 阅读感受的初步交流

赵老师很善于借助“外力”引导学生阅读文本。

她出示了两则极富感染力的材料：一则是当年一个中学国文教员的永恒记忆：“一九四八年八月十三日，走出家门，就看见一群小学生在争着抢着地看一张当天的报纸，其中一个惊慌地喊道：‘老师，作《背影》的朱自清先生昨天死了！’看到孩子们那种怆惶悲戚的神情，不禁无言地流下泪来。”另一则是有人在父亲节那天用“百度”搜索到的信息：28700 个中国网站或博客转载了朱自清的《背影》，并把它作为对父亲最好的感谢和祝福，共有几十万人回了帖子，包括一位叫“雪帘栊”的网友说的一段话。

接着，赵老师要求学生们交流看这篇文章的第一感觉。于是便有了深浅不一的各种感受：“我觉得这篇文章的语言虽然很朴素，但是流露出作者对父亲的爱。”“我觉得这个父亲很爱儿子。”“我觉得可怜天下父母心。父亲为‘我’买橘子，‘我’明明可以自己做到，但是父亲还是坚持去做。”“父亲生活得很艰辛，但是没有在儿子面前表露出来。”

这时，赵老师已经成功地把学生带进了文本的世界。

三、蹒跚的背影和深情的凝望——聚焦场景的文本细品

进入文本之后，赵老师便引领学生直接聚焦核心场景："好，看来每个人心中都有自己的背影，那我们就把目光停留在那个背影的特写镜头上。"

到这里，教学节奏开始变慢，赵老师带着学生慢慢细读。她先要求大家带着自己对生活的体会，轻声朗读这段话，然后思考：这是一个怎样的背影？你是从哪个词看出来的？接着对具体的词句进行细细品味。有的学生从"蹒跚地走到铁道边""慢慢探下身去"中读出了一个年迈的背影；有的学生从"他肥胖的身子"中读出了一个肥胖的背影；有的学生从"攀""缩""微倾"中读出了一个努力的背影；有的学生则从"他戴着黑布小帽，穿着黑布大马褂，深青布棉袍"中读出了一个质朴的背影。

在学生们交流的过程中，赵老师穿插点拨，引导大家关注与文本有关的内容，深化对文本的理解，并及时进行了小结："所以父亲在爬这个月台的时候，他不仅要顶着经济上的压力，还要承受着心理上的沉痛。"

紧接着，赵老师又转换了一个角度，让学生们思考："同学们，当朱自清看到这个背影的时候，他有怎样的反应？"于是，师生一起对"等他的背影混入来来往往的人里，再找不着了，我便进来坐下，我的眼泪又来了"这句话进行比较品读（将原句改为"他的背影混入来来往往的人里，找不着了，我便进来坐下，我的眼泪来了"）。结合朗读充分品读了"再""等""又"蕴含的情感之后，赵老师说："这几个字很普通，但是用在这里却放射出别样的光彩。当父亲的身影在儿子的视野中慢慢地消失，他在儿子的心目中，或在我们的心中，留下了什么样的形象？"然后，一边在黑板上用简笔画画了一座山和一条河，一边说道："是的，这位父亲是一座大山，他希望他的儿子就像萦绕在他身边的河流，轻松、欢快地走自己的人

生。这应该是所有父亲的心愿吧。”

四、父亲的期待和儿子的理解 —— 父子关系的深度解析

接着，赵老师又一次转换视角，和学生们一起聚焦下面这段文字：“他写了一信给我，信中说道：‘我身体平安，唯膀子疼痛厉害，举箸提笔，诸多不便，大约大去之期不远矣。’我读到此处，在晶莹的泪光中，又看见那肥胖的，青布棉袍黑布马褂的背影。唉！我不知何时再能与他相见！”有的学生从这里看到了“一个年迈衰弱的背影”，有的学生看到了“一个孤单、寂寥的背影”，还有的学生则看到了“一个很爱儿子又不想让儿子担心，同时又非常脆弱的父亲”。

在师生一起解读了父亲孤独、脆弱的内心之后，老师让一位男生“为这位父亲画上一座高山”，并让学生们说说细读了两个完全不同的背影后想到了什么。“父亲原来很爱儿子，想要保护儿子，后来却变得想要依赖儿子。”“我也读出了儿子的变化，原来他对父亲很不以为意，可是后来却很能理解父亲了。”在学生们对背影的解读有了进一步的深化之后，赵老师归纳道：“我们是不是可以说，如果说父亲爬过高高的月台为儿子买橘子是一种爱的表达，那么我们刚读的这封信，就是他对儿子的一种爱的期待。”然后，师生又一起品读了“泪水”中包含的丰富情感：是思念之泪，是愧疚之泪，也是感谢之泪；有对父亲的心疼，有对父亲的思念，也有对可能会失去父亲的担忧。

到这里，教学应该说已经非常饱满了。可是，赵老师又带着学生回读了这样几行文字：“近几年来，父亲和我都是东奔西走，家中光景是一日不如一日。他少年出外谋生，独力支持，做了许多大事。哪知老境却如此颓唐！

他触目伤怀，自然情不能自已。情郁于中，自然要发之于外；家庭琐屑便往往触他之怒。”有了前面在文本中穿梭的经验，学生很快就读懂了作者的心：对父亲的同情，对父亲的怜惜，以及对父亲的理解。

令人想不到的是，赵老师又借助朱自清的儿女们对父亲的评价来解读朱自清自己留给儿女们的背影，并让学生讨论：从作者自己的背影和作者父亲的背影中你能读到什么？这样，文本的解读又被推向了一个新的高潮："朱闰生很心疼他的父亲，就像朱自清很心疼他的父亲一样。""我们看到了生命的循环和轮回。""我读出了爱的代代延续。"一切水到渠成，学生真正走进了文本的最深处，读出了"背影"最深层、最丰富的内涵。

五、昨天的"背影"和当下的"背影"——走出《背影》的"背影"

正如教学的第一个环节，教学的最后一个环节也跳出了文本本身。赵老师先用屏幕出示了朱国华写的《朱自清与〈背景〉》中的一段文字。

师生配乐朗读文字之后，赵老师深情地说道："朱自清和他的父亲是幸福的，因为他们共同拥有了'背影'；而我们也是幸运的，因为我们读到了《背影》。但是要真正读懂《背影》，可能还需要我们具备更多的生活体验。"

接着师生一起聆听了黄磊演唱的根据朱自清《背影》创作的歌曲《背影》。

课就在这样一种抒情的氛围中结束了，感情的涟漪却在学生心头久久地荡漾。

张志公先生曾指出，阅读教学，就是教师带着学生在文章中进进出出走它几个来回。而我们见到的阅读教学，要么是没有走进文本，要么是走进之后出不来，甚至有的时候教师自己不进文本，只在岸上指手画脚地说着别人的话。应该说，赵老师在这节课中带着学生们几进几出，在进进出出的穿梭中，解读了文本，感受和理解了父爱那深沉而丰富的内涵。

（黄厚江，中学语文特级教师）

向美而生：赵氏语文的“游戏精神” / 任为新

“游戏精神”是西方美学中的一个重要命题，早在古希腊时代，人们就对此有过热烈的探讨。古希腊的美学和审美趣味高屋建瓴，大众文化唯此马首是瞻，结果“游戏精神”普世化，公民倾心接受。希腊文化乃西方文化之滥觞，因此“游戏精神”在西方文化中的影响力不言而喻。

我们的祖先其实也看重游戏。“美”字的创造，就来自“羊人为美”——白天劳作，牧羊喂牛，晚上大家围着篝火，戴着吃剩的羊头骨载歌载舞，自娱自乐，文艺也借此诞生。早先的儒家文化和教育，也并不一味严肃。孔夫子是有“游戏精神”的，《论语》里就说到他对“暮春者，春服既成，冠者五六人，童子六七人，浴乎沂，风乎舞雩，咏而归”的场景非常向往。

遗憾的是，“游戏精神”在今天与我们渐行渐远。不要说一般的社会人，就是孩子，也正被形塑成与天真烂漫的年龄不相称的“小大人”。数、理、化等课程，本身多冷冰冰的知识，没游戏情有可原，但在语文课堂里也正襟危坐，气氛肃然，实在不可取。好在有不少教师已经意识到了这一点，正在冲破既有的藩篱，在课堂中彰显游戏精神，让语文课变得有趣、好玩儿，玩出意义，玩出个性，其中的代表之一，就是语文特级教师赵群筠。

听赵老师上课，通常的感觉是师生们不是在上课，而是在聊天、谈心——四十几分钟时间里，水陆杂陈，色彩缤纷，气氛热闹，非常好玩儿。表面上看，这样的课堂是随性的、散淡的，但实际上，这样的玩，不纯粹是“有意思”，还“有意义”，是教师带领学生，紧扣文本话题，去经历一场言语能力和精神智慧的角斗。赵老师上诗歌《你不快乐的每一天都不是你的》，投影中会有满屏的五颜六色的画；上《爸爸的花儿落了》，就播放吴贻弓的电影《城南旧事》。而上朱自清的《背影》则最有“赵氏风格”：先大家“乱弹”自己的父亲，学生说，赵老师自己也说，然后师生一起看德国卜劳恩的漫画《父与子》，接着聊到一个国文教员回忆一九四八年朱自清去世那天他的心情，再聊“父亲节”，从“百度”上搜到28000多个网站和博客转载朱自清的《背影》……

这不是“博士买驴”，这样的聊和玩，是环环相扣的，每一个环节背后，都有理念、有目的、有讲究。

首先，赵老师的教学设计，背后总是有理论的支撑。《背影》这样的课，不容易上，因为它和现在的孩子很“隔”——朱自清的年龄、阅历、心境以及那个时代，都与现在的学生相去甚远。如果直面文本，就会很突兀——情感层面，孩子们甚至无法进入。但从一开始就谈论师生自己的父亲，能在文本、学生和教师之间筑起感性的通道，为情感的共鸣奠定基础。按车尔尼雪夫斯基的美学理论，“美即生活”，凡是在审美对象中让我们感受和发现自己的身影，体悟到我们正在过的生活，或者是我们理想中应有的生活的，都能引起我们的情绪兴奋，是美的。反之，作品如果不能和读者、观众，和当下的我们建立起联系，就只会被当作一个纯粹的客观知识对象来观照，无法在审美主体、客体之间建构起意义，当然，美的发生也就无从谈起。

其次，赵群筠的课，无论怎么玩，根总是扎在语言文字上面——从文字上起飞，最后也在文字上降落。语文老师的玩，须围绕着文字。满课堂花里胡哨、与文本无甚关系的课件或技巧，很可能在掩饰教师在语文功力上的不足。《背影》文本中有这样几句话："他戴着黑布小帽，穿着黑布大马褂，深青布棉袍。"赵老师问学生：朱自清的父亲为什么要穿布制的衣服呢？然后师生一起讨论，最后得出结论：这和文章的情感基调，和文中另外的文字如"回家变卖典质，父亲还了亏空；又借钱办了丧事。这些日子，家中光景很是惨淡"、精神日渐"颓唐"是遥相呼应的，反映了作者逻辑和行文的缜密，值得我们学习。

师生这样琢磨文本的过程是非常有价值的，这是言语能力的训练过程，也是思维和智慧的锤炼过程。在这样的过程中，学生不会觉得学习是件苦差事，反而觉得其中有精神的享受和智慧的快乐——这一点非亲临现场听课难以体会。在课堂上关注学习的快乐甚于知识和能力，这不仅是对学习本质的认识，也是对生命的本真知觉，体现的是为人师者的人文情怀。人类在根本上并不为真理而存在，而是为感觉和情感的愉快而活着。学者理查德·舒斯特曼的这个观点和赵群筠老师可谓英雄所见略同。

最后，赵老师在课堂上提供了非常丰富的补充材料，表面上看这些材料是"招之即来，挥之即去"，实际上却是她精心选择的结果，从中可以看出执教者的良苦用心。在《背影》一课中，她让学生聆听朱闰生、朱思俞对父亲朱自清的回忆，这不是随随便便的添加材料，这些儿孙辈的回忆，能帮助学生更加完整地读到朱自清父亲的"背影"；而播放黄磊演唱的歌曲《背影》，不仅烘托了课堂气氛，也实现了知识达成和教学审美的强化。不过最精彩的，还是分析《背影》中的这段——"可是他穿过铁道，要爬上那边月台，就不容易了。他用两手攀着上面，两脚再向上缩；他肥胖的身子向左微倾，显出努力的样子。”通过查找资料，教师在课堂上告诉学生，民国时候的火车月台一般是一米八高，而朱自清父亲的个子只有一米六八，所以“要爬上那边月台，就不容易了”，只能“两脚再向上缩”。这里可以想象朱自清父亲当时“努力的样子”，难怪朱自清要几次流泪了……

从某种程度上讲，初级教师比技能，中级教师比智慧，高级教师比风格。但是，风格的背后其实是思想，所以有人说：“风格消失的时候，思想也会枯竭。”赵群筠老师在漫长的教学生涯中，已经形成了自己鲜明的“赵氏风格”—— 向美而生，随意却又精致，充满着“游戏精神”。这是赵老师的“天路历程”，也应该是一般语文老师的努力方向。“文明是在游戏中并作为游戏兴起和展开的。”教师，尤其是语文教师，是文化的薪火传人，唯有对抗当下功利主义对生命的侵蚀，保持自己的童心，才能真正体会到教学乃至人生的乐趣和意义。

（任为新，教授，杭州师范大学语文教育研究所所长）

3.

爱自己，就送自己一架风筝

我想，鲁迅写这篇文章，就是想让孩子们都能拥有自己的风筝，告诉孩子们不能像文中那个弟弟那样忘了这架风筝，要记住自己心中那个温和的春天！

《风筝》课堂实录

时　　间 / 2014 年 3 月
地　　点 / 浙江省杭州市建兰中学
实录整理 / 浙江省杭州市文晖中学　江建红

/ 前记 /

第一次听赵老师讲《风筝》是 2009 年的时候，在文晖中学一间普通的教室里，赵老师说："不要忘记我们的风筝，不要忘记那个温和的春天。"五年之后的 2014 年，赵老师是这样结束本课的："同学们，不管什么时候，我们都不应该放弃自己的风筝。爱自己，就送自己一架风筝。"从"不要忘记我们的风筝"到"爱自己，就送自己一架风筝"，我不知道这样的变化意味着什么，但我相信有一点始终没有变，那就是爱。

/ 第一幕 /　　导入新课

（《虫儿飞》的音乐响起）

师：今天我们要上的课文是鲁迅的《风筝》，请大家打开课本，看注解

①,《风筝》选自《野草》，但注解里没有具体介绍《野草》，赵老师给大家补充一点儿资料。

> **《野草》，鲁迅的散文诗集，以曲折、隐讳的象征表达了1920年代中期作者内心世界的苦闷和对现实社会的抗争。**

师：鲁迅曾经说过，他不太愿意让中学生来读他的《野草》，因为他觉得那个时候的他心情太苦闷，怕影响孩子。但我觉得在这篇文章里，我们或许可以读出抗争的力量。下面让我们进入课文。

/第二幕/　梳理文脉

师：这篇课文主要回忆了哪两件事？请大家概括一下。

生：第一件事是鲁迅先生小时候不爱放风筝，但他发现自己的小兄弟在做风筝，于是就把他小兄弟的风筝给毁了。

师：用一句话来表达，就是哥哥不让——

生：弟弟放风筝。

师：很好！然后呢？把弟弟——

生：做的风筝给毁了。

师：你把这句话连起来再说一遍。

生：哥哥不让弟弟放风筝，弟弟偷偷地去做风筝，结果哥哥把弟弟做的风筝给毁了。

师：不错，我们还可以用更简洁的话来说，哥哥不许弟弟放风筝，还把弟弟偷做的风筝给毁掉了。很好，请用这样的方式概括第二件事。

生：20 年后，“我”想讨弟弟的宽恕，弟弟却把这件事给忘记了。

师：你概括得非常好。也就是说，这是一个关于“兄”和“弟”的故事，是不是？（板书“兄”“弟”）大家有没有发现，在这两件事情当中，哥哥的思想前后发生了很大的改变？到底是什么让哥哥发生了这么大的改变呢？课文的转折点在哪一段？

生：第五段。

实录者语

教师巧妙地给予学生一个模板“哥哥怎么样，弟弟怎么样”，这样学生在概括故事时，文脉就非常清楚了，而且还能自然而然地引出话题：这是一个关于“兄”和“弟”的故事。

/第三幕/ 虐杀和不幸

师：我们来读读第五段，读的时候你可以加上自己的感情，加个把字也没关系，只要有利于感情的表达就可以。

（生集体朗读第五段）

> **然而我的惩罚终于轮到了，在我们离别得很久之后，我已经是中年。我不幸偶而看了一本外国的讲论儿童的书，才知道游戏是儿童最正当的行为，玩具是儿童的天使。于是二十年来毫不忆及的幼小时候对于精神的虐杀的这一幕，忽地在眼前展开，而我的心也仿佛同时变了铅块，很重很重地堕下去了。**

师：让哥哥改变的最根本的原因是什么？

生：他看了一本外国的讲论儿童的书，知道游戏是儿童最正当的行为。

师：不要在逗号处断开，把句子读完整。

生：因为他“看了一本外国的讲论儿童的书，才知道游戏是儿童最正当的行为，玩具是儿童的天使”。

师：你们是怎么理解这句话的？

生：游戏是儿童的精神支柱。

师：讲得非常好，希望等你当爸爸的时候还能记住这句话，好不好？我替你的孩子谢谢你哦！（众笑）

实录者语

郑愁予先生在《雨说》一文中这样对儿童充满爱心地倾诉：“第一样事，我要教你们勇敢地笑啊。”“第二样事，我还要教你们勇敢地笑。”“只要你们笑，大地的希望就有了。”“有一天，你们吃着苹果擦着嘴，要记着，你们嘴里的那份甜呀，就是我祝福的心意。”经历过这堂课的学生，一定会记得“玩具是儿童的天使”，一定会把那份对天使的爱，润物无声地传递下去。

生：我感到外国和中国的教育方式不同。

师：嗯，现在中外的教育方式的确有所差异，不过，哥哥好像并不是很想看到这本书，因为他用了一个不太好的词来形容这件事。

生：不幸。

（师请生板书“不幸”）

师：哥哥又是用了一个什么样的词来形容 20 年前的这件事情对弟弟产

生的影响？

生：虐杀。

（师请生板书“虐杀”）

师：尽管这位同学犹豫了一下，这口子是朝外面呢，还是朝里面，他最后还是决定口子朝外。一般人不太愿意虐杀自己，所以“虐”这个字，口子必须朝外。（众笑）你们知道什么叫虐杀吗？

生：虐杀就是虐待，还带有杀害的意思。

生：很重的虐待。

师：后面那位女生，你来说。

生：虐待而致死亡。

师：大家说得都有道理。虐杀就是虐待致死，在课文里，虐杀指的是精神上的伤害，是一个很重的词。那作者为什么说 20 年前他对弟弟进行了精神上的虐杀？我们在第三、第四段找找看，看哪些地方体现了哥哥对弟弟的虐杀。

（生在课本上寻找信息）

生：“我在破获秘密的满足中，又很愤怒他的瞒了我的眼睛，这样苦心孤诣地来偷做没出息孩子的玩艺。我即刻伸手抓断了胡蝶的一支翅骨，又将风轮掷在地下，踏扁了。”

师：你为什么认为这句话体现了哥哥对弟弟的虐杀呢？

生：从文中可以知道，弟弟是非常喜爱风筝的，而哥哥却不让他放，还把他做的风筝给毁了，所以作者觉得这是虐杀他弟弟的兴趣。

师：你讲的是一个整体的感觉，能不能关注到一些具体的字词？

生：我觉得是“掷”。

师：掷？

生：他把风筝、风轮掷在了地下。

师：这个“掷”字给你一种什么感觉？

生：我感觉当时作者做得很过分，他不只是没收了他弟弟的玩具，还毁了它，把它扔在地上踩扁了。

师：“毁”再加一个“掷”，接着还有一个什么动作？

生：“踏”。

师：真的很残忍，是吧？很好，谢谢，请坐。

生：“论长幼，论力气，他是都敌不过我的，我当然得到完全的胜利，于是傲然走出，留他绝望地站在小屋里。后来他怎样，我不知道，也没有留心。”他就这样把他弟弟的玩具给毁了，也不去关心他，自己走出去了。我觉得他弟弟肯定很伤心。

师：你觉得哪个词让人觉得特别冷？

生：“傲然”走出。

师：哥哥留给弟弟一个什么？

生：留给他一个冰冷的背影。

师：等于留给弟弟无边的寂寞。

生：“和我相反的是我的小兄弟，他那时大概十岁内外罢，多病，瘦得不堪，然而最喜欢风筝，自己买不起，我又不许放，他只得张着小嘴，呆看着空中出神，有时至于小半日。”这句话首先是对他小兄弟的一个描写，说明他小兄弟有病。后面又说他作为哥哥，不允许弟弟放风筝，致使弟弟只能小半日呆望着天空出神。两相对照，我觉得这里更突出了哥哥的残忍。

师：你觉得这是一个怎样的小弟弟？

生：非常弱小，很可怜的样子，受到了压迫。

师：你用了可怜这个词，体现了你作为一个女孩子的善良。小弟弟只能看着别人放风筝，他又是怎么看的呢？

（生齐读："远处的蟹风筝突然落下来了，他惊呼；两个瓦片风筝的缠绕解开了，他高兴得跳跃。"）

生：我觉得从这两句话里可以看出他很活跃。

师：虽然他瘦弱不堪，表现文静，但他的内心很活跃。

生：天真。

师：是的，很天真！多可爱的一个小弟弟呀，看人家的风筝都能看得这么兴致勃勃。要是他自己也能拥有一架风筝，那真是世界上最幸福的事情了。可是他能拥有吗？能吗？我们来看一下，风筝坏了，哥哥、弟弟各有什么表现？请大家把这句话再来读一遍。

（生读文章，但不够流畅）

师：（指导）"傲然"这个词你读得非常好，后面再慢一点儿。再来一遍，没事儿。

（生再读，效果不错）

师：读得好多了。鲁迅先生还写过一篇文章，题目叫"我的兄弟"，题材和内容跟《风筝》一样，只是写法上有所不同。我选了一句，大家来对比阅读看看。

> **我当然得到完全的胜利，于是傲然走出，留他绝望地站在小屋里。后来他怎样，我不知道，也没有留心。**
>
> **——鲁迅《风筝》（1925 年）**
>
> **我的兄弟哭着出去了，悄然的在廊下坐着，以后怎样，我那时没有理会，都不知道了。**
>
> **——鲁迅《我的兄弟》（1919 年）**

师：同学们看看，这两段文字有什么不同？先来说说弟弟的不同。

生：一个是说弟弟绝望地站在小屋里，另一个是说他哭着出去，然后悄然地坐在廊下。

师：描写弟弟的动作不一样，你觉得哪篇描写的弟弟可能会更伤心一点儿呢？

生：我觉得是第一篇。

师：可第二篇弟弟哭了呀！

生：他哭了之后悄然地坐在廊下，至少还有动作，而在另外一篇，他却绝望地站在小屋中，觉得一点儿希望都没有了。

师：绝望就是毫无希望，而哭是一种情感的宣泄。现在我们再来看看，这两段话是如何描写虐杀者——哥哥的？

生：前一个是傲然走出，后一个则是普普通通地走出去。

生：我觉得第一段话主要是从哥哥的角度出发的，是以第一人称写的，第二段话也是以第一人称写的，但却从弟弟的视角出发。

师：是的，角度完全不一样。我们再来看一下写作时间。《我的兄弟》写于1919年，"五四运动"发生的那一年，当时，每个中国人的心里都充满了希望；而第二次写这一内容的时候，已是1925年，隔了六年的时光。但哥哥在这篇文章中的愧疚感却更加强烈了，并且把矛头对准了自己，这是为什么呢？

生：因为他虐杀了他弟弟小时候的天真与朴实。

生：在他小时候，他是完全没有这种感觉的，反而觉得自己做得对，因为他觉得风筝"是没出息孩子所做的玩艺"。

师：到了1925年的时候……同学们再来读一下这句话。

生：1925年，在写这篇文章的时候，他已经看过那篇外国的文章了，知道这样做是对孩子精神的虐杀，所以就把矛头指向了自己。

生：随着时间的推移，哥哥的愧疚感在不断地增加。

师：说得真好。随着岁月的流逝，哥哥的愧疚感越来越重，从对比中我们发现，他描写弟弟的伤心程度，在 1925 年那篇中也更重了。

生：鲁迅跟他兄弟见过面之后，发现他兄弟已经忘记了这件事情，于是就想他当时肯定做得太过分了，让弟弟觉得自己一点儿希望都没有。

师：你觉得弟弟是因为绝望才放弃的。我们再回到 20 年前，如果你是这个弟弟，哥哥“傲然走出”之后，你会在小屋里做些什么呢？想些什么呢？

生：我会把那些破碎的骨架捡起来，不会当着哥哥的面哭，而会独自一个人在小屋里悄然无声地落泪。但我毕竟是小孩子，虽然会对哥哥有些怨恨，但随着时间的推移，会渐渐淡忘这件事情。

师：你说的“悄然无声地落泪”，真的让人心疼。

生：我会把被哥哥踩碎的蝴蝶风筝的骨架拿起来，拿到后院的竹林里去埋掉。

师：为什么要选择这样一种途径？

生：我觉得“埋葬”的是一种希望。

师：你用很隆重的方式放弃了内心的希望，老师的心里很不好受。

生：算了，我以后再也不玩风筝了……

师：“算了”的背后包含了什么？

生：痛苦、无奈。

生：我会呆呆地看着那个被哥哥踩碎的风筝，几天不吃饭也不睡觉。

师：你会这样吗？你有过这样的经历吗？

生：我会坐在那边伤心地看着玩具，大概两个小时不说话。

师：可怜的孩子。

生：我可能会拾起那个蝴蝶风筝，看看被哥哥踩碎的地方，再加几脚，把它踩得更碎。

师：自己还加上几脚，为什么呀？不可能呀！

生：希望被哥哥抹杀以后，我不想再留一点儿希望了。

师：我没有想到你们是如此的敏感。你们的选择有种无奈的“悲壮”。我突然能理解哥哥后来的心痛了。同学们，在你们当中，有没有想再做一个风筝的？有这样的孩子吗？

（一生举手，师请他回答）

生：我会看看风筝的框子，看能不能把它再补起来。如果不可以的话，我会再去做一个风筝。因为我认为希望的火是不能被扑灭的，要继续努力，完成自己的梦想。

师：可是我看你很文静啊，你内心真有这么强大吗？

生：你不让我做，我偏做。你踩一个，我做一个。

师：真是个勇敢的孩子。如果文中的弟弟能跟你一样，就没有后来的故事了。但是，他没有这样做，还把这件事情给忘了。弟弟为什么会忘记如此刻骨铭心的事情呢？

生：因为弟弟非常绝望，把做风筝的追求从他的记忆中彻底抹去了。

生：他从心理上对寻找快乐、向往自由感到了绝望。

师：所以哥哥认为自己是“不幸”的。他知道自己虐杀了弟弟的天性，心里特别难过，所以才会在两篇文章中提及这件事情。从中我们可以看出，哥哥对弟弟有一种怎样的情感？

生：我觉得他其实是很爱弟弟的，但他觉得玩风筝没有出息，想让弟弟长大以后有些成就。

生：但这是一份糊涂的爱。（众笑）

师：你说到了一个分量很重的字：爱。哥哥是爱弟弟的，正因为爱弟弟，所以才不让他放风筝，但这的确是一份封建制度下家长经常会有的糊涂的爱。哥哥后来清醒了，他想补偿。我们看他准备怎么补偿？

生：“送他风筝，赞成他放，劝他放，我和他一同放。”

师：我们来分析一下这句话。这里有四个连续的动作，作者为什么要这样写？

生：我认为这个顺序是不能调换的，因为首先要“送他风筝”，然后才可能“赞成他放”、鼓励他放，而“劝他放”就有点儿命令的性质，“我和他一同放”，就是就算他不爱放风筝，我也要和他一起放。我觉得哥哥想通过这种方式，弥补他小时候没有让弟弟放风筝的过错。

师：这四个动作不能调换，每个动作的含义都不一样。我们看到，哥哥不光送弟弟风筝，还鼓励他去放。可如果弟弟仍然不放呢？

生：劝他放。

师：还不放呢？我们可以一起放。那意思是说，这个风筝非放不可。哥哥表现了极大的决心。我们就带着这样的决心来读这句话。

（生齐读）

实录者语

老师让学生触摸文本，在反复朗读和对比中品味文章的细节之妙，体会鲁迅先生当时的内心情感。同时，文本拓展也做得恰到好处，能帮助学生走进鲁迅的内心世界。

师：风筝飞起来了，高高地飞到了天空。“我们嚷着，跑着，笑着”，这是一幅多么美好的画面哪！把这美好的画面写下来吧，把这八个字化为八十个字、一百个字吧，看看这两兄弟是怎样嚷着、跑着、笑着的。

（背景音乐响起，学生认真地写作）

实录者语

此环节既做到了读写结合，又联系了学生的生活实际，更使学生进一步理解了文本内容，一举多得。

师：我看到同学们都写了很多，那我们来分享一下吧！

生：风筝在天空中微笑。他们俩一边跑着，一边叫着，一边哈哈大笑。哥哥一边跑一边回头看。弟弟在后面叫着："风筝要掉下来了！"哥哥赶忙加快了速度。

生：我们把风筝放上了天空，我们对着风筝大吼。我们跑了两里路，风筝也飞了两里路。我们躺在地上，我们大笑。

生：他们嚷着："看哪，看哪，风筝飞上去了！我们的风筝飞上去了！"弟弟高兴地拉着风筝在岸边跑着。哥哥大声叫："快点儿，别摔着了！"正说着，弟弟就被石头绊倒了。

…………

师：同学们说得真好，我相信每一个人的笔下都有一架属于他自己的风筝。这是一个多么美好的世界——温暖无恙。但是，哥哥和弟弟能把这架风筝放起来吗？我们来看后面这句话："然而他其时已经和我一样，早已有了胡子了。"这句话给了我们一种什么感觉？

生：有一种悲凉、失落的感觉。

师：为什么？

生：因为从这句话中我们可以体会出，一个已经有了胡子、上了年纪的人，是不可能再这样去放风筝了。

师：也就是说，所有这些美好都只是一个梦想。带着这种感觉，我们来读一读这最后两句话。谁来试一下？

（有生自告奋勇读，师生动地带读）

实录者语

在“虐杀和不幸”这个部分，哥哥前后思想的变化成了整篇课文的切入点。通过对“不幸”“虐杀”等词语的仔细品读，学生们更好地走进了文本；而针对“哥哥‘傲然走出’之后，你会在小屋里做些什么呢？”这一话题的讨论，更让学生们真正体会到了“失望”“绝望”“压抑”的沉痛情感。可贵的是，教师并没有停留在对这份刻意的毁灭所带来的悲伤、心痛的分析之中，她带领学生们透过文本，挖掘出哥哥对弟弟的爱。这是整篇课文的情感推动力，文章的内涵也因此渐挖渐深。

/ 第四幕 /　　爱的风筝

师：是啊，风筝放不上去了，弟弟心中的风筝也永远回不来了，所以鲁迅说：“我还能希求什么呢？我的心只得沉重着。”“但心又不竟堕下去而至于断绝，他只是很重很重地堕着，堕着。”“我倒不如躲到肃杀的严冬中去吧，—— 但是，四面又明明是严冬，正给我非常的寒威和冷气。”同学们，从这三句话中，你能读出作者的心情吗？我们试着把一些词语提炼出来。

生：“沉重”“堕”和“躲”，说明作者的内心很沉重。他很绝望，想逃避现实，但是逃避不了，只能痛苦地去面对。

师：不能逃避，只能痛苦而勇敢地去面对。我们来看一些资料。

> **《狂人日记》（1918 年）向沉滞、落后的中国社会发出了“从来如此，便对么”的严厉质问，发出了“救救孩子”的呐喊。**
>
> **在《我们现在怎样做父亲》（1919 年）里，先生发出了这样的呼唤：爱，就是“各自解放了自己的孩子。自己背着因袭的重担，肩住了黑暗的闸门，放他们到宽阔光明的地方去；此后幸福的度日，合理的做人”。**
>
> **在《故乡》（1921 年）里，先生希望下一代过着新的生活，“为我们所未经生活过的”，告诉他们“地上本没有路，走的人多了，也便成了路”。**

生：鲁迅是一个敢爱敢恨的人，我们这个国家一直就没有什么事情能让他开心，甲午战争、军阀混战，几十年来他一次次经历着从希望到失望的过程，但是鲁迅一直在用他自己的方式与这个世界抗争着。我知道在写这篇文章之前，也就是 1918 年，他创作了《狂人日记》。

师：鲁迅的弟弟也许不可能再拥有自己的风筝了，但是，还有很多很多的弟弟正仰着头呆望着天上的风筝，或许包括你们当中的一些人。我想，鲁迅写这篇文章，就是想让所有的孩子都能拥有自己的风筝，告诉孩子们不能像文中那个弟弟那样忘了这架风筝，要记住自己心中那个温和的春天！最后，我们一起用心默默地把第二段话再来读一遍，再次感受这份高傲和敏感、浓烈和质朴、集大恨与大爱于一体的心灵吧！（板书：爱）

（感染人心的背景音乐响起，生一个接一个地朗读课文第二段，幻灯片一行接一行地展示文字内容）

师：同学们，不管什么时候，我们都不应该放弃自己的风筝。爱自己，就送自己一架风筝。下课！

《风筝》一课中的五种教学手法 / 余映潮

在论及《风筝》的教学时，人民教育出版社资深编辑刘真福先生在《关键还在于理念》一文中说：

发现许多老师不知不觉地突破“以学生接受能力为限”的戒律，自然而然地往深高、宏阔、邈远的思想深处追索。例如，有的教学设计这样小结问题：“中国人的行为方式需要用科学的思想来指导。”有的教学设计这样说：“本文表达反抗封建教育的思想。”有的教学案例说：“表达了对剥夺儿童放风筝权利的封建家庭的控诉。”……文本解读到这份上，俨然已经忘记面对的是初一的孩子，这是在进行成人化教育了。

赵群筠老师的《风筝》教学则不同。她的教学处理得体得法，恰到好处，既表现出话题集中、逐层深入的特点，又表现出切合学生认知程度的特点；既训练了学生阅读品析的能力，又带给学生情感濡染的温度。

大体而言，赵老师在此课的教学中运用了五种实用而有效的教学艺术手法。

手法之一：选点切入

“切入”，即从课文的某一个地方切到重点内容上。赵老师先设问：这篇课文主要回忆了哪两件事？学生有所回答，这就指导了学生初步把握文意，使学生对课文有个整体的印象。然后很快地切入第五段。赵老师明确地问道：“到底是什么让哥哥发生这么大的改变呢？课文的转折点在哪一段？”学生回答：“第五段。”而这一段正是全文的关节之处，所以这个切入点是很准确的，极好地凸显了课文品析的重点。

由于运用“选点切入”手法，在教材的处理上，我们就可以舍去难度比较大的内容，或者舍去比较边缘的内容。于是，那些最值得、最需要进行品读欣赏的教学内容就凸显出来了，使我们可以有的放矢地实现课堂教学中的精读训练。

手法之二：扣词品析

扣词品析，即在品读课文时关注并扣住“关键词”，以引导学生分析内容、品味语言、揣摩含义、感受情致。在《风筝》的教学中，在将教学内容切入第五段之后，赵老师引导学生们“找找看，看哪些地方体现了哥哥对弟弟的虐杀”，于是“虐杀”一词就“牵一发而动全身”，引动了学生们的细腻品析。此处的语言品析深入细致，有不少师生对话，既是对内容的理解，也是对情感的陶冶。

“扣词品析”手法的魅力在于其“牵引力”，教师在引领学生围绕某个关键词进行品析的过程中，需要瞻前顾后，结合具体的语境进行深入思考，这就必然要涉及众多的故事细节，多角度地体味细节描写中的人物情感，从而通过这种方式有效地训练学生揣摩文句的能力。孙绍振先生有一篇学术文章的标题就是“把文学审美熏陶落实到词语上”(《文学教育》2008 年第 1 期)。赵老师《风筝》教学中的语言品析，无疑体现了这种美学思想。

手法之三：穿插引进

赵老师的《风筝》教学，在引导学生紧扣“虐杀”进行品析的时候，不失时机地引入了鲁迅《我的兄弟》中的有关文句，并自然地形成了“比较阅读”，从而引发了学生对作者情感变化深层原因的分析和理解。在品析“不能躲避，只能痛苦而勇敢地去面对”时，又引入了《我们现在怎样做父亲》《故乡》等有关材料，让学生们更加深刻地体味作者的内心之情及精神世界。

所谓“穿插引进”，就是教师在教学过程中自然、恰切地引进有关语录、故事、旁证材料、背景材料、同类作品等，并有选择地将其插入课文的品析教学之中，从而引发学生兴趣、变化教学节奏、加深阅读理解，这也是一种增加教学厚度的好方法。

手法之四：假设情景

“假设情景”是赵老师《风筝》教学中的一种重要手法。

如在讨论弟弟的“绝望”时，教师问：“我们再回到 20 年前，如果你是这个弟弟，哥哥‘傲然走出’之后，你会在小屋里做些什么呢？想些什么呢？”

于是，就有了以下精彩的教学片段。

生：我会把被哥哥踩碎的蝴蝶风筝的骨架拿起来，拿到后院的竹林里去埋掉。

师：为什么要选择这样一种途径？

生：我觉得“埋葬”的是一种希望。

师：你用很隆重的方式放弃了内心的希望，老师的心里很不好受。

生：算了，我以后再也不玩风筝了……

师：“算了”的背后包含了什么？

生：痛苦、无奈。

生：我会呆呆地看着那个被哥哥踩碎的风筝，几天不吃饭也不睡觉。

师：你会这样吗？你有过这样的经历吗？

生：我会坐在那边伤心地看着玩具，大概两个小时不说话。

师：可怜的孩子。

生：我可能会拾起那个蝴蝶风筝，看看被哥哥踩碎的地方，再加几脚，把它踩得更碎。

师：自己还加上几脚，为什么呀？不可能呀！

生：希望被哥哥抹杀以后，我不想再留一点儿希望了。

让人赞叹的是，到了这个时候，赵老师还在继续“假设情景”。

师：我没有想到你们是如此的敏感。你们的选择有种无奈的“悲壮”。我突然能理解哥哥后来的心痛了。同学们，在你们当中，有没有想再做一个风筝的？有这样的孩子吗？

于是引发了学生们精彩的表达。

而最让人赞叹的，是赵老师居然再一次“假设情景”。

她说：“我们可以一起放。那意思是说，这个风筝非放不可。哥哥表现了极大的决心。”“这是一幅多么美好的画面啊！把这美好的画面写下来吧……看看这两兄弟是怎样嚷着、跑着、笑着的。”

于是，学生的写作与表达成了课堂教学中一次美好的“高潮”。

手法之五：抒发情感

《风筝》的教学，需要教师调适情感，带领学生进入课文情境。赵老师在教学中，在与学生的对话中，自然而真情地表现着这种情感，如：

同学们说得真好，我相信每一个人的笔下都有一架属于他自己的风筝。这是一个多么美好的世界——温暖无恙。

鲁迅的弟弟也许不可能再拥有自己的风筝了，但是，还有很多很多的弟弟正仰着头呆望着天上的风筝，或许包括你们当中的一些人。我想，鲁迅写这篇文章，就是想让所有的孩子都能拥有自己的风筝，告诉孩子们不能像文中那个弟弟那样忘了这架风筝，要记住自己心中那个温和的春天！

同学们，不管什么时候，我们都不应该放弃自己的风筝。爱自己，就送自己一架风筝。

教学中，这体现了一颗怎样温暖的教师之心哪！

（余映潮，中学语文特级老师）

4.

一个在笔墨间寻找归乡之路的女子

温柔善良的母亲已离我而去，无拘无束的童年已一去不复返，淳朴善良的乡邻也是隔山隔水，就是如法炮制的春酒也没有了往日的滋味……这时，『家园』还是原来的家园吗？

《春酒》课堂实录

时　　间 / 2012 年 3 月
地　　点 / 浙江省杭州市钱塘外国语学校
实录整理 / 浙江省杭州市锦绣中学　金林娟

/ 前记 /

赵老师是我的恩师，我喜欢称她为“老师”。听老师上课，我总是痴痴地笑，看她举手投足间的温婉柔美，看她谈笑风生里的闲淡从容。兴许是与她接触多了，我愈发理解了什么叫“课如其人”。

有幸随老师前往，静听她的一堂课——《春酒》。

生：老师好！

师：同学们好！请坐。

师：请同学们朗读投影上的一段文字：“像树木花草似的，谁能没有一个根呢？我常常想，我若能忘掉亲人师友，忘掉童年，忘掉故乡，我若能不再苦，不再笑，我宁愿搁下笔，此生永不再写。”（生齐读）

师：同学们读得很有感情！这是台湾作家琦君说过的一段话。今天我们

就要学习她写的一篇散文——《春酒》。[投影：春酒　琦君（台湾）]

师：大家知道琦君吗？她的家乡在哪里？

生：浙江温州。

生：浙江省温州市永嘉县。

师：大家了解得非常详细，她的家乡在永嘉。还有吗？答案可以不止一个。

生：后来她去了台湾，然后又移居美国。

师：对的，这些都是她的家，还有吗？

生：她还到过杭州，跟她父母一起到杭州工作。

师：是吗？她甚至来过我们杭州，跟我们共同呼吸过同样的空气，感受过杭州的气息！我们把琦君住过的地方都追寻了一遍，可是我总觉得她应该还有一个家。

生：她的家在心里。

师：是吗？你怎么会有这样的感觉？

实录者语

老师神情惊讶，语气里却透着惊喜，孩子们一定感受到了这份亲近和肯定，回答才显得如此自然。

生：因为不管她走到哪里，都在心里惦记着她的家。

师：你说得很好。我决定给你一个奖品，奖什么呢？奖励你上来给我们写一个大大的“家”字，好不好？

生：好！（生走上讲台准备写）

师：能写多大就多大！（生写了一个大大的“家”，众笑）

师：很大气的一个“家”噢！温馨、清爽的一个“家”！其实琦君就是一个无数次在笔墨之间寻觅着归乡之路的女子。今天她要给我们讲述的这个家园里最主要的人是谁呢？

生：母亲。

师：是的！熟读琦君作品的读者都会感觉到她母亲在她作品中所占的分量。琦君写得最感人的几篇文章几乎都是有关她母亲的。这到底是一个怎样的母亲，能够让女儿如此魂牵梦萦？课文里有一句话，点明她母亲为人处世的原则，大家能不能找出来？

生：（找）课文第八自然段中的最后一句：“鞋差分，衣差寸，分分寸寸要留神。”

师：你为什么觉得是这一句呢？

生：这里说的是做每件事都要有尺度，从这句话中可见母亲做事是非常有分寸的。（生齐读）

师：这个句子中最重要的是哪两个词？

生：分寸，留神。

师：分寸的含义是什么？

生：有严谨的态度。

生：有进退的跨度。

生：做事有尺度，见好就收。

生：有自己的原则，做事不要太过。

实录者语

语文的美在语言深处，在字缝里。老师的引导，让孩子们体会到了中国汉字多义的美。

师：我发现大家的语感真的很棒，对“分寸”的理解也很到位。不过刚才大家讲的都是抽象的概念，你们能不能从文中找出一些具体的例子来讲一讲？

（生在文中找）

生：第二自然段，母亲说：“但是你呀，就只能舔一指甲缝。”

师：你读得很好！能把整个句子读一读吗？

（生很有感情地读：“但是你呀，就只能舔一指甲缝，小孩子喝多了会流鼻血，太补了。”）

师：你为什么觉得这句话表现了母亲很有分寸？

生：作为母亲，她希望自己的孩子健健康康。如果孩子喝多了，就会流鼻血，母亲就会很心痛。为了不让自己心痛，她不让孩子多喝。

师：她能不能这样说：你只能喝一点点儿。“喝一点点儿”和“舔一指甲缝”有区别吗？

生：有区别，“一点点儿”的范围太难衡量了，对小孩子来说不够形象。

师：噢！范围规定了，就形象了，就有分寸了！这句话的前面好像还有一句母亲说的话，也可以从中看出她的一点儿品性，请你把整句话连起来读一读。（生读：“补气、健脾，明目的哟！”）

师：两句话语气一样吗？

生：不一样！前面一句话说得非常得意，是对大家说的，为了让大家多喝一些。

师：什么叫得体，什么叫有分寸？就是针对不同的对象、用不同的话来说。这位母亲真是聪慧！

实录者语

文字的美，在朦胧，在含蓄，在咂摸时能沁出无限的灵气来。宋玉在《登徒子好色赋》中有言：“东家之子，增之一分则太长，减之一分则太短；著粉则太白，施朱则太赤。”这“分寸”之意，让人感触颇深。老师讲课时，竟将“分寸”二字解释得如此晓畅，且能让孩子们道出味道来，不得不说，老师真高明！

生：第四段第一句话：“我喝完春酒回来，母亲总要闻闻我的嘴巴，问我喝了几杯酒。”从这句话中看得出母亲很关心“我”，对“我”管理很严。

师：母亲这样做是想表达什么意思？

生：她要求“我”不要喝酒，小孩子喝一点点儿就够……她自己也是滴酒不沾唇的。

师：这位母亲是用什么样的方式来表达她对女儿的担心的？她的女儿太爱喝春酒了。

生：动作。

师：什么动作？

生：闻“我”的嘴巴。

师：我们想象一下，母亲靠近你是一种什么感觉？

生：亲近、亲密。

师：她用一种很亲密的动作表达她对女儿的严格要求，真是个聪明的母

亲！这样的表达方式太奇特了！请同学们读一读这段话。（生深情地朗读）

实录者语

极致用心的母亲，智慧如您的母亲，才能发现“闻我的嘴巴”这样奇特的表达。原以为孩子们生活体验少，未必能触摸到老师言语的温度，可最终，他们那天真的笑容、无邪的双眸告诉我，他们早已懂得了这份甜蜜细软的母爱!

师：还有吗？（一生举手）

生：第八自然段：“不仅是酒，母亲终年勤勤快快的，做这做那，做出新鲜别致的东西，总是分给别人吃，自己却很少吃。人家问她每种材料要放多少，她总是笑眯眯地说：‘大约摸差不多就是了，我也没有一定分量的。’但她还是一样一样仔细地告诉别人。”

师：她为什么要这样做？设身处地地想一想。

生：人们总是希望她讲得越详细越好。

师：那她为什么说“大约摸差不多就是了，我也没有一定分量的”？

生：比较谦虚吧!

师：你太聪明了，真是善解人意！是呀，这就叫有分寸 —— 语气上有分寸，表达上有分寸。那么，表情上有没有分寸呢？凡是母亲出现的场面，她都有哪些神态？

生：笑眯眯的、得意的、高兴的……

师：文章中有两句话，老师读了有些疑惑：“母亲是从不上会的。”“母亲是滴酒不沾唇的。”这么好的酒，母亲为什么不喝一点儿？这么热闹的酒席，她为什么不去参与一回?

生：母亲助人为乐，她总是去为别人做事。

生：因为母亲要招待客人，要做菜、烧饭。

生：她要招呼客人，总不能自己喝醉了吧!

师：我提示一下，她的家族是大户的还是小户的?

生：大户人家，有大花厅。

师：“大户人家的太太”的身份决定了她不上会。还有呢?她为什么滴酒不沾?

生：因为她担心如果自己喝酒女儿也会跟着喝。

师：但女儿喝了呀!

生：只是一点点儿。

师：那她也可以喝一点点儿呀!

生：说明她是一个贤妻良母。

师：(逗趣地笑)贤妻良母不能喝酒，女同学，记住啦!

实录者语

幽默的课堂吸引人。一堂课若能让孩子们笑笑，哪个孩子会不期盼上课，不喜欢老师?真正有智慧的老师一定是幽默的!

师：老师在这里介绍一下琦君的母亲。琦君的母亲是一位在旧社会中相当典型的贤妻良母。琦君的父亲是北洋时期保定军官学校毕业的浙一师师长，军阀及地主身份。母亲嫁给父亲，属于那种“亲上加亲”的婚姻，先结婚后恋爱的那种。婚后母亲度过了一段美好的时光。后来因父亲纳妾，母亲在家中的地位开始变得尴尬而无奈，遭受了种种的不幸与委屈。一方面情感上被丈夫抛弃，另一方面依然要默默地做一个好母亲，并且还要在乡邻面前树立丈夫和家族的形象。这就决定了她的温柔、善良、聪慧，做事有分寸。琦君替她母亲鸣不平，为她母亲立碑作传，在散文《绣花》中忠实地记录了这位菩萨心肠的女人。

> **母亲喃喃地念着："这双拖鞋面寄去给你爸爸过年穿，还要再绣一双……"我抢着说："给我。"母亲瞪我一下说："你小孩子穿什么绣花鞋？"我奇怪地问："那么给谁呀？"母亲停了半晌，才低声地说："给你那个如花似玉的二妈。"我马上暴躁起来喊："您为什么要给她绣，为什么？"母亲叹口气说："你不懂，我若只绣一双，你爸爸就会把它给了她穿，自己反而不穿。倒不如索性一口气绣两双，让他们成双作对吧。"**

（生齐读）

师：原来有一种爱叫成全！我从你们的眼里分明看出了一种感动。爱，原来可以如此豁达！这样的母亲会培养出什么样的女儿呢？请用两个字回答。

生：活跃、开心、可爱、开朗、幸福、分寸、调皮……

师：读琦君的文章，我们一定要琢磨她的文字 —— 清新秀雅，行云流水，在普通平凡中透露出一种灵气，特别是细节描写，让人过目不忘。

实录者语

课堂衔接是一种艺术。老师说琦君的文字如行云流水，其实，她自己的课堂语言又何尝不是行云流水呢！

师：老师给大家介绍一种读书方法，叫“注读课文”，通过注读来认识这样一位可爱、活泼的小姑娘。

> **无材可去补苍天，【甲戌侧批：书之本旨】**
>
> **枉入红尘若许年。【甲戌侧批：惭愧之言，呜咽如闻】**
>
> **此系身前身后事，**
>
> **倩谁记去作奇传？**
>
> **诗后便是此石坠落之乡，投胎之处，亲自经历的一段陈迹故事。其中家庭闺阁琐事，以及闲情诗词倒还全备，或【甲戌侧批：“或”字谦得好。】可适趣解闷，然朝代年纪，地舆邦国【甲戌侧批：若用此套者，胸中必无好文字，手中断无新笔墨。】，却反失落无考。【甲戌侧批：据余说，却大有考证。】**

师：如何点评：①抓一个词。②概括整个句子的含义。③结合文章进行主旨理解。比如说，“靠一下”“点一下”“舔一舔”，这些都是小孩子特有的动作，寥寥几笔，一个可爱的小女孩形象立刻便在纸上活跃起来。琦君的语言质朴简洁，字里行间充满了浓郁的人情味，让我们强烈地感受到大家对这个小姑娘的喜爱之情以及邻里之间的亲密随和与融洽温馨。下面，大家从文中挑选一句描写“我”的精彩语句，并做批注、写评点。

（生找语句、写评点，师巡回观察）

实录者语

学好语文的一个重要抓手便是品味语言，但根据我对各种课堂的观察，品味语言的教学环节在设计上仍多有僵化之象，实施上也流于随意。而赵老师的设计却别具匠心，从学生的学习方式着眼，教会了学生一种读书的方法——“注读课文”，并且加以示范，从而使学生在模仿中学习，让学习真实地发生。

师：写好的就自告奋勇地来吧！让我们分享一下你的思考成果。

生：我选的是第二段最后一句：“其实我没等她说完，早已偷偷把手指头伸在杯子里好几回，已经不知舔了多少个指甲缝的八宝酒了。”这里的“偷偷”“舔”写出了小姑娘特有的调皮和古灵精怪。

生：我选的是第三段中的“我端着、闻着，走来走去，有一次一不小心，跨门槛时跌了一跤，杯子捏在手里，酒却全洒在衣襟上了。”这几个句子，通过动作刻画，表现出了小女孩天真烂漫、无比可爱的特性。

师：还有没有其他同学想点评这几个句子的？

生：“端着、闻着，走来走去”写出了小女孩对母亲酿的春酒的喜爱，也间接表达了她对母亲的爱。

师：你比其他同学读得还要深刻，你读出了文字中隐含的意思。是的，读书就应该这样。

生：第一段最后一句：“尤其是家家户户轮流的邀喝春酒，我是母亲的代表，总是一马当先，不请自到，肚子吃得鼓鼓的跟蜜蜂似的，手里还捧着一大包回家。”这里“一马当先”“不请自到”“跟蜜蜂似的”等，写出了我对春酒的喜爱与渴望，“肚子吃得鼓鼓的跟蜜蜂似的”，说明她嘴馋、吃得多，描绘出了一个小女孩的可爱形象。

师：不仅有点评，还有想象，你真是太厉害了。但老师想追问一下，这么一个如花似玉的小姑娘，为什么被比喻成蜜蜂？蝴蝶不是更好吗？

生：肚子吃得鼓鼓的，形状上像蜜蜂。

生：蜜蜂酿的蜜也是甜的，味道上像。

生：蜜蜂很勤劳。

师：她这个行为可以理解为勤劳吗？（轻声说）不要对琦君太客气了。

生：贪吃！

师：贪花蜜的小蜜蜂与贪吃的“我”情理上像。好，真实的声音就是美的。这真是一个巧妙的比喻句，同学们一起读这段话。

生：（读）“琦君真的拥有一个无拘无束、自由自在的童年。”

师：这个家除了温柔善良的母亲，活泼可爱的女儿，还有其他人吗？

生：有，阿标叔。

师：你从哪里看出来他也是家里人？

生：他“把煤气灯玻璃罩擦得亮晶晶的，呼呼呼地点燃了”，他的行为是发自内心的，因为女主人待他亲如家人。

师：还有吗？（生停顿了一阵子）

生：会首及喝会酒的人。

众生：（表反对）这些人偶尔才来一次，不算家人。

生：我认为是家人，我在农村住过，邻里之间互相帮助，很亲热的，就像一家人一样。

师：你是一个懂感情的孩子，你对家的理解比一般人更深刻。我们来了解一下，划拳、吆喝，一般出现在什么地方？

生：这样的场景只能出现在关系比较近的人当中，他们划拳、吆喝，格外兴高采烈，就像一家人一样！

师：这个家里还有一群淳朴、热情的乡亲，多好的氛围！我建议大家读一读第一段的前四句。（生齐读）

实录者语

一个可爱天真的小琦君，一位温柔善良的母亲，一群淳朴友善的家乡人，一段有滋有味的故乡情。这样的设计，让听者浑然不觉有“套路”，整个教学活动的演绎自然妥帖，令人直呼有酣畅淋漓之感。而其中最打动我的，是教师始终以儿童的视角审视文本，发掘文字里蕴藏的真情，并以儿童的心态与孩子对话，在快乐自在中探寻着浓浓的“心灵的家园”！

师：你们读的时候，我心里咯噔了一下，知道为什么吗？（生沉默）“家家邀饮春酒……”，可我们一直在讲“家园”啊，完了，我们跑题了！要不把题目改一下，把“春酒”改成“家园”或者“美丽的家园”“心灵的家园”，行不行？

（众生沉默一会儿，有的说“行”，有的说“不行”）

师：讲出道理来，为什么？

生：我觉得琦君通过写春酒这件事情，表达了她对家、家人尤其是对母亲的怀念，思念家乡是文章的主旨。

师：你的解读真的很棒，很全面、很到位。老师也给你一个奖品，奖什么？

生：写"家"字。

师："家"已经有了，想想看，还能写什么？

生：写"园"。

生：写"酒"。

师：好！就写"酒"，看你写的会比"家"字大吗？

（生到黑板前写了一个大大的"酒"字）

师：果然大气！来，做个喝酒的姿势，请大家一起喝一杯！（生做邀饮酒的动作，其他学生鼓掌）

师：因为农历新年里的种种风俗与禁忌，"我"一马当先地作为母亲的代表前往各家喝春酒，乡亲之间互相"起会"、置办"会酒"的融洽，"我"在多年之后按母亲的办法"如法炮制"的"八宝酒"……这一切都围绕着"春酒"展开。优美的散文，常常是精巧构思的结果。琦君散文的构思很注意"文眼"的安设，却又不露痕迹，具体到《春酒》一文，她把许多有关的片段汇集于"春酒"这个焦点上。她还善于使用抒情与叙事并用的方式，在娓娓叙事的过程中让自己的感情自然流淌；以类似的清新文字和素淡笔调，将一个个短小的故事、一件件普通的事物，舒徐自如地写出来，让读者得到丰富的感受。

师：同学们，温柔善良的母亲已离"我"而去，无拘无束的童年已一去不复返，淳朴善良的乡邻也是隔山隔水，就是如法炮制的春酒也没有了往日的滋味……（幻灯片画面逐渐消失）这时，"家园"还是原来的家园吗？琦君会发出什么样的感慨？

生："可是叫我到哪儿去找真正的家醅呢？"

师：（有感情地读这句话，同时投影展示）请男、女同学分别朗读这句话，要读出感情。

（女生读；男生读；齐读。师强调重音）

师：到哪里去找？琦君是一个无数次在笔墨之间寻找归乡之路的女子，我们应该从她的文字里去寻找。

在上海求学时，母亲来信说她患了风湿病，手膀抬不起来，连最简单的螺丝髻儿都盘不成样，只好把稀稀疏疏的几根短发剪去了。我捧着信，坐在寄宿舍窗口凄淡的月光里，寂寞地掉着眼泪。深秋的夜风吹来，我有点冷，披上母亲为我织的软软的毛衣，浑身又暖和起来。可是母亲老了，我却不能随侍在她身边，她剪去了稀疏的短发，又何尝剪去满怀的愁绪呢！

——《髻》

来到台湾，此心如无根的浮萍，没有了着落，对家乡的苦念，也就与日俱增了。日里想，梦里思，昨夜梦魂又飞归故里，躺在双亲的墓园中，拥吻着绿茵覆盖的芬芳泥土，望着悠悠出岫的白云，多年抑郁的情怀得以暂感舒松，可是短梦醒来，泪水又湿透枕边，美丽的家园啊！它依旧是海天一角，水阔山遥。

——《乡思》

家乡人民也始终惦记着这位远方的游子。坐落于三溪中学内的琦君文学馆于 2001 年 10 月 22 日开馆。应邀参加开馆仪式的琦君到场为文学馆剪彩。离乡半个多世纪后，她终于坐着轮椅踏上了家乡的土地，见到了魂牵梦萦的故乡亲人。

隔一条海峡梦回童年旧事，竭毕生心力写尽故园深情——90 高龄的琦君永远搁下了那支生花妙笔。临终前，她在病榻上一再念着：我想回到自己的家乡啊……

海棠春晓老人为琦君写下了这样的悼词：

纤毫词笔蕴情真，羞煞墨坛多少人。

一日瑶池仙驾去，犹留温婉在红尘。

“梦中应识归来路，梦也了无据。”这位一直在心灵深处寻找归乡之路的女子，是否会踩着满院的花香，杖履点叩着当年她牵着母亲的衣角走过的青石板，寻着童年的梦而来？

（在 5 位学生深情的朗读中结束本节课）

实录者语

丰富阅历，丰盈人生，我以为最好的方式还是阅读。读万卷书不如行万里路，行万里路不如阅人无数，阅人无数不如思考回顾，思考回顾后依旧觉着莫如读万卷书。琦君说：“人生自青年而中年而老年，有如游倦了姹紫嫣红的院落，漫步进入名山古刹，听鸟语松风，看水流花放，应当又是一番景象。”课的厚度、深度、宽度和高度，与教师自身的情怀与格局息息相关，所谓“功夫在诗外”。正是各种角色的交融体验，才使得老师的文本解读深邃、通透，课堂言语蕴藉、圆融，教学效果胜人一筹！

/ 后记 /

教育是美好的事，美好的事要用美好的心灵去呵护！

这节课里，赵老师不是在讲课，而是在将自己对人生的感悟，润物细无声地传递给孩子，在熏陶孩子、感染孩子！

一如《春酒》里琦君的母亲，赵老师在课堂内也很好地把握了“分寸”二字。因为懂得分寸，所以从容；因为懂得宽容，所以大度；因为温和、缄默，所以智慧，所以慈良，所以幸福！

在赵老师的带领下，孩子们用他们自己的视角解读文字，思考问题，观察世界。他们的课堂体验是真实的，他们的感触是真实的，思考是真实的，学习是真实的！

在这样的课堂里，我恍若看到了这样一幅绝美的画面：一个从容、智慧而幸福的老师，带着一群天真、可爱而俊灵的孩子，去赶赴一场诗情画意的约会！

一堂温婉如水的课

/ 阙银杏

很多时候，听到一堂好课时，总会和学生一起沉浸在课堂氛围中，或动情，或思考，或想象……彼时彼刻，你也许会忘了听课的初衷，只是让自己享受，享受那一刻和学生一样的心动。

这样的课堂应该到了很高的境界，浑然天成、天衣无缝，看不到其中的一个个招数。赵老师的这堂课就是这样，起承转合如行云流水，让你完全沦陷在课堂的"场"中，乃至课结束了，你还深陷其中难以自拔。这样的课太圆融，以至于我们往往只觉得好，却忽略了一些学理上的东西。可是，等事后回想，你还是可以咂摸到那一个个恍如"无招"的"招数"，你会越发感觉到它的精妙，越发体会到设计者的匠心。

一、独具"慧"心，找到文本解读的突破口

在琦君的笔下，母亲一直作为一个永不转移、永不变换的爱的形象而存在着，存在于她那如烟如梦的惆怅之中。天下的母亲都是一样的，却又都不一样。如何读出这份"不一样"，需要功力和心力。赵老师从别人忽略的"分寸"切入，很有力度地将孩子引向课文深处，体悟母亲的聪慧、谦和、

善解人意乃至豁达。这样的解读，凸显了文本中“母亲”的个性，即不流于概念又不同流俗，表现了执教者独到的眼光，以及她对人生的独特感悟。这样的解读，也为课堂的丰厚奠定了基础。

二、引而不发，预设与生成极度融合

王荣生教授对课堂流程有一个比喻：“流程是一湾叮叮咚咚的溪流……流淌的关键，是对文本体性的把握，是对学生学情的估量，是要有流程终点的愿景，是时时把握着课堂如何在流、流向何方。”赵老师这节课，就是对这句话最好的实践注解。

第一，流向清晰：紧扣文本体性设置问题，引导学生读出作品的深层情感。

仔细梳理这节课，这样的问题主要有以下几个。

- 大家知道琦君吗？她的家乡在哪里？
- 其实琦君就是一个无数次在笔墨之间寻觅着归乡之路的女子。今天她要给我们讲述的这个家园里最主要的人是谁呢？
- 这样的母亲会培养出什么样的女儿呢？
- 这个家除了温柔善良的母亲，活泼可爱的女儿，还有其他人吗？
- 要不把题目改一下，把“春酒”改成“家园”或者“美丽的家园”“心灵的家园”，行不行？

“家园”一词，贯串所有问题。同时各问题环环相扣，指向极为清晰——通过品读，深入理解作者思乡的深沉情感。

随着对这一个个问题的探讨，阅读在慢慢深入，情感在层层铺垫。这样有分寸有爱的母亲，这样可爱幸福的女儿，这样淳朴热情的乡亲，这样香甜醉人的春酒……可是，猛然间，“温柔善良的母亲已离‘我’而去，无拘无束的童年一去不复返了，淳朴善良的乡邻也是隔山隔水，就是如法炮制的春酒也没有了往日的滋味”，屏幕上那些画面在我们眼前逐一消失。此时，每一个人都受到了极大的感染与冲击，甚至想起了自己生活中那些已然消逝再也找不回来的东西。此时，阅读已不仅是对文章字面的理解，学生同时也在结合他们自身的生活经验，发掘文章背后的深层结构和意义。

第二，流程精彩：敏感地体察学情，不断召唤学生参与体验与思考。

在赵老师的课堂里，学生总能积极思考，踊跃发言。这有赖于她设计时给学生留下的广阔空间，以及在教学过程中对学生的体察与尊重。她引而不发，不把结论硬塞给学生，而是让学生在阅读文本的过程中充分发现。她的预设灵动而不僵化，会依据学情生成诸多精彩。

同时，她总能敏感地捕捉学生的状态，适时进行鼓励和点拨。慈爱的理解、由衷的赞扬、幽默的调侃，时时闪耀着动人的智慧光芒。因而，她的教学现场有着极强的磁性，能让学生倾情投入。他们自豪地写出大大的“家”和“酒”字，他们不断地言说自己对人物的理解和发现，他们在音乐中动情地朗读，哪怕平常朗读水平极为一般的孩子，也能读得声情并茂……这样的课堂是美好的，这样的学生是幸福的。

三、关注策略，重视对学生阅读习惯的培养和阅读方法的指导

赵老师的课堂特别有语文味，因为她总能抓住语文学科中最核心的内容。这节课不管是在哪个环节，她始终坚持“读琦君的文章，我们一定要琢磨她的文字”。散文贵在情真，但是，真情不是空中楼阁，它必须有依托，而这个依托就是语言。

赵老师在课堂中特别关注学生能否养成细读文字的习惯，不断引领学生品读具体词句，反复强调用具体词语来把握句子，“特别是细节描写，让人过目不忘”，“琦君是一个无数次在笔墨之间寻找归乡之路的女子，我们应该从她的文字里去寻找”。尤为可贵的是，赵老师教给了学生具体的品读语言的方法。阅读能力的核心是阅读方法，而阅读方法可以概括为“应该看什么地方”和“从这些地方看出什么来”。围绕这个核心，赵老师做了具体有效的指导。

首先，赵老师直截了当地说：“老师给大家介绍一种读书方法，叫‘注读课文’，通过注读来认识这样一位可爱、活泼的小姑娘。”接着，她以甲戌侧批《红楼梦》为例解说了该方法，并告诉学生具体的点评方法，然后再用一个示例给学生具体的抓手。层层引导之下，学生自然不再茫然、随意，后面的各种精彩也就水到渠成了。

说到底，课堂是人的课堂，是一位教师和一群学生相互交流、共同成长的空间。课如其人，人的境界决定了课的境界。因此，教师需要以自身全部的素养面对学生。对于赵老师如此温婉如水、智慧通达的课，我们不仅要读懂其中的学理，更要明白其后的依托，从而将她的智慧化为己用，创造出属于我们自己的课堂。

（阙银杏，浙江省温州市教育教学研究院教研员，中学语文特级教师）

5.

用写作的方式热爱这个世界

我不愿意把写作仅仅当成一种技法，当成一种调遣语言文字的纯粹技术操练。在『微点小博』写作课上，我可能没有教给孩子们很多写作技巧，我给他们的，是一颗『向阳的心』以及对生活的一份细腻的感悟。

希望我和他们都能拥有一个『不大，但是阳光充足』的小阁楼。

《微点小博》课堂实录

时　　间 / 2012 年 11 月
地　　点 / 浙江省杭州市建兰中学
实录整理 / 浙江省杭州市文澜中学　潘素文

/ 第一幕 /　　谐音趣引——引出微博话题

师：(出示围脖图片) 大家看屏幕，这是什么？

生：围巾。

师：有没有同学想到是别的？

生：我想到现在网上对发微博的另外一种称呼，叫作织微博。

师：是吗？你会织吗？

生：我有微博，但很少去织。

师：是因为学习忙没有时间去织吧？要不我们问问元芳。“元芳，你怎么看？”这句话这段时间在哪里很流行？

生：(低声答) 网络上、微博里。

师：你们都有微博吗？注册过微博或 QQ 空间的请举手。(大部分孩子举起了手)

师：哇，几乎全部都有！那我们这节课就来聊一聊我们每个人都有的微博。我给它取了个很可爱的名字，叫“微点小博”，就好像我们可以“抒点小情”“赌点小气”“喝点小酒”那样。（出示课题名：微点小博）

实录者语

较之平日刻板、单调的写作内容，“微点小博”这个标题足以吸引每一位学生的眼球。孩子们喜爱的微博不再“犹抱琵琶半遮面”，而是堂堂正正地走进了课堂。为孩子们的需要而教，这正符合语文教学应该注重工具性的要求；而谐音趣引和时尚的话题，也让学生对课堂充满了期待。

/ 第二幕 /　认识微博 —— 体验微博传递的美好

师：你们认为微博是什么呢?

生：微博是一个记录生活中的点点滴滴并能让大家发表看法的平台。

师：很好，你用了“点点滴滴”“生活”“平台”这几个词语来概括。

生：我觉得微博是一个让人们可以自由发表言论的空间。

师：你感受到了自由的力量。

生：在微博中，每个人都可以和别人一同分享某些事情。

师：他们关注内心的表达，你关注他们的分享。好，看来大家心中都有一个微博定义。我们来看看，新浪、腾讯和搜狐对微博是怎么定义的，它们的广告词和宣传语又是什么样的。

（投影展示各网站对微博的定义，师请生朗读）

腾讯微博：你的心声，世界的回声。

新浪微博：随时随地分享身边的新鲜事儿。

搜狐微博：通过一句话或者一张照片，随时分享你身边的精彩。

师：三个网站都不约而同地显示了微博的关键词："世界""生活""分享"。微博的世界丰富多彩，五彩斑斓。前段时间，我随意搜集了一些微博，其中有热门的、好看的、哲理的、幽默的、好听的、纠结的、抒情的、大气的，等等。另外，我还有好多微博看不懂，它们是用什么语言写的呢？

生：火星文！

师：你们都知道火星文？我们学校的孩子也在用火星文发微博，他们是故意让我看不懂的，下次找你们给我翻译下吧？有些微博被关注和转载得特别多。我们来看看这些微博有什么特点。

（师读第一条微博）

如果别人朝你扔石头，就不要扔回去了，留着作你建高楼的基石。

师：是不是很有哲理？当然微博也可以很日常。这个叫少司命的人，他的三条微博是同一天发出来的，写得很简单，很平淡。你看——

（师读第二条微博）

刚刚做随堂测试，可是我没有带笔，书写不来呀！老师一直站在我旁边，笑眯眯，笑眯眯，笑眯眯，笑眯眯，笑眯眯，笑眯眯，笑眯眯地看着我。

（全班一片笑声）

师：这条微博记录了什么呢？

生：他当时的生活和心情。

师：是的，非常生活化的一条微博。当然微博还可以很八卦，你来读一读这条微博：

（指名一生朗读第三条微博）

> **昨天，德州一男子酒后对民警手中的酒精测试仪很是有兴趣。在民警正在对过往车辆进行酒驾检测时，主动上前要求吹测试仪，因为他当时没有开车，民警拒绝了他的要求。没曾想半小时后该男子回家开上车到路口寻民警，终于过了一把吹酒精测试仪的瘾。但是他也得到了罚款 2000 元、驾驶证被扣 12 分的处罚。**

师：李开复先生很幽默，他在评论这条微博时说："励志故事呀！有志者事竟成！"既有讽刺又有劝谏。在发微博时，我们可以加上一个含义深刻的标题。我有一个朋友，一大早发了这样一条微博，我请我们班一位"霸气"的同学来读一读。

> **每天早上起来看微博，确实很容易让你产生一种皇帝批阅奏章、君临天下的幻觉。国家大事如潮水般涌来，需要迅速做出各种判断，提出各种建议，各种转发，各种忧国忧民，各种踌躇满志，万物皆备于我。每一个人心中都藏着一个披星戴月上朝的皇帝，微博把人的这种情结激活了。**

师：你读得很有领导的感觉，长大后可以当领导（生笑）。微博能让我们觉得不孤单，觉得身边有好多好多认识或者不认识的朋友。大家知道漫画家朱德庸吗？我特别喜欢他的漫画，因为他的心里永远住着一个孩子。他最近完成了一幅画并且发到微博上，他为这幅画配上了这样一段文字。

（指名一生朗读）

> **我常常到我的秘密房间去，那是一间不大但阳光充足的小阁楼，里面一排排的小格子，放了这些年来的各种记忆，有愉快的、难过的、彩色的、黑白的各式档案夹，没事的时候就会一一打开，它记录了我的情绪，我的人生。那是我的心灵房间。**

师：你读这段话的时候心里是什么感觉？

生：感觉回忆涌现，各种各样的情绪涌现。

师：你真是一个情感丰富的女孩子！是啊，每个人都有好多好多的生活记忆，可是，大家都想过要这样的小阁楼吗？小阁楼里，除了我们的记忆，还有什么？

生：还有充足的阳光。

师：还有充足的阳光，说得真好！我们的心里不仅要住着一个小孩，还要永远有一束阳光。好，我们现在打开一个小阁楼，看看一个人的内心世界。这个人的名字叫蔡春猪，呵呵……你笑什么？好吧，你笑，就由你来读。（请笑的那位学生朗读）

> **蔡春猪，前时尚杂志编辑，早年主持万国马桶文学网站，儿子喜禾两岁时被诊断为自闭症后，在新浪网开设微博“爸爸爱喜禾”，被誉为“自闭症之父”。**

师：当蔡春猪把《给儿子的一封信》贴到博客上后，几乎在一夜之间，这封信被浏览了数十万次，被转发及评论了数万次。而以“爸爸爱喜禾”为名的微博，在短期内，粉丝数量狂增十倍以上。有自闭症儿子的爸爸很多，但不是所有爸爸都会像小蔡那样得到大家的关注。那他身上到底有怎样的特质，能让这么多人都关注他的微博？我们来看其中两条微博。

（生朗读）

> **@爸爸爱喜禾：开车在四环路上，视线一片模糊。当医生说出“自闭症”三个字，我知道我胡作非为的日子过去了。我儿子两岁零六天，被诊断为自闭症。回家路上，四环滚滚车流掩不住我的哭声。郭敬明说对了，我的悲伤逆流成河！**

（生朗读）

> **@爸爸爱喜禾：微小说是用最少的字数讲最有信息含量的故事。那有没有微电话？一个字都没说但信息含量强过千言万语？喜禾被诊断为自闭症当天，我给我妈打了一个电话，简单说了几句话后就不出声了……将近一个小时，双方的听筒里都是静音。电话如果有监听，监听的人都会睡着。**

师：读这两条微博是什么感觉？你来说。

生：我感到非常心酸，为爸爸对儿子的爱所感动。如果儿子有这样的爸爸，他应该非常自豪。

师：是啊，微博可以表达对亲人的爱。

生：我觉得这个爸爸虽然有悲伤的情绪，但还是比较幽默。他虽然遭遇了挫折，但是依旧能乐观地面对人生。我觉得这一点值得我们学习。

师：说得真好！哪个句子让你感觉出他的乐观了？

生：“郭敬明说对了，我的悲伤逆流成河”，“电话如果有监听，监听的人都会睡着”。这两句调侃话非常幽默。

师：但这个调侃，却让我们有点儿心酸。这样的文字一下子抓住了我们的内心。蔡春猪把他的微博集成了一本书《爸爸爱喜禾》，让千万人潸然泪下。他自己也被评为“年度最幽默父亲”。著名主持人崔永元给喜禾写了一封信，说：“你是我交的唯一的一个得‘自闭症’的朋友，可能我也是你认识的唯一的一个有‘抑郁症’的叔叔。”在儿子被确认患有自闭症后，小蔡在微博里以一种自强不息、爱开玩笑的喜禾爸爸形象出现，用诙谐幽默的戏剧性的细节场景，小心翼翼地让他的悲剧旋涡，展现成——

生：（读）“笑容带来的乐观和对生活的热爱。”

师：我们心灵的小屋，不管怎样，都要有一束阳光。后来著名的表演艺术家蔡明给小蔡写了这样一句话。

（生齐读）

命运露出獠牙，小蔡却把它当作一个微笑。是啊，小蔡，用你的微笑改变世界，不要让世界改变你的微笑。

师：（深情朗读）“用你的微笑改变世界，不要让世界改变你的微笑。”同学们，我们彼此微笑一下好吗？真好！我觉得微笑是最美丽的！这就是微博，除了描写生活、聊八卦外，还可以表达浓浓的情意，对亲人的爱，对社会的爱，以及对生活的态度。

实录者语

语文课堂的最高境界是唤醒孩子们内心的情感及表达的欲望。一条条微博，如美妙的音乐在孩子们心中律动着，如一束束阳光温暖着孩子们的心田。此时，他们的心中更有爱，因那浓浓的父爱；他们的内心更坚强，因那笑中带泪的乐观。情到浓时，表达自然水到渠成！原来写作可以如此亲切自然，如此率真随性。

/ 第三幕 /　参与体验 —— 欣赏微博的其他表达方式

师：微博还有另外一种表达方式 —— 图片。在微博里，很多人用图片抒发自己的情感，并且还会在图片旁边配上一段文字。下面我们一起来完成一项任务，为这张图配上一两句话，好吗？开始。

（生写作 2 分钟，写在小白板上，之后展示）

生：当现实有理由让你放弃时，你却坚强地走下去，甚至走得更好！（掌声响起）

生：枯木中也能长出花朵，逆境中也能露出微笑。

生：朽木之家并非只有孤树，还有你清新的风景。

师：真好！我觉得你们已经读懂了这幅画。我们来看看原作者写的是一句什么样的话："悲哀到尘埃里，然后开出花来。"这是根据张爱玲的一句话仿写而成的，张爱玲的原话是"见了他，她变得很低很低，低到尘埃里，从尘埃里开出花来"。你们觉得是这个微博的作者写得好，还是你们写得好？

生：（低声调侃）我们写得好！

师：（笑）那你觉得你哪里写得好？

生：我觉得我把树枝虽然贫瘠但依然能开出花这种意境写出来了。

师：那么这个微博的作者呢？

生：微博的作者说的是花朵面对挫折依然很坚强，而且能微笑地面对。

师：嗯，我真心觉得你们两个都写得很好。还有同学想说一说吗？

生：我觉得作者的这句话说的是，虽然你一开始不得不面对困难的境地，但只要你坚持下去，仍然有可能获得成功。在悲哀的境地里获得成功，这是最美的事情。

师：大家有没有觉得作者的这句话非常简练？如果我们细细地读进去，"悲哀到尘埃里"，我们会有怎样的感觉？还有比这个更悲哀的吗？"然后开出花来"。我们能想象"然后"这一过程的艰辛吗？当初看到这个微博的时候，我送给我们学校的孩子一段话。

（生朗读）

有一天你将破蛹而出，成长得比人们期待的还要美丽，但这个过程会很痛，会很辛苦，有时候还会让你觉得很灰心。面对汹涌而来的现实，你会觉得自己渺小无力。但这也是生命的一部分。做好现在你能做的，然后，一切都会好的。我们都将孤独地成长，不要害怕。

师：我这里也用了一个“然后”，并且把那句话的内涵扩展开来了。同学们，我们一起把这句话读一读，好不好？（全班朗读）

师：真好，再来看张图片吧。你看到了什么？

生：这是一个小孩子，在走一条漫长的路。

师：看这幅画的画外音：“还记得，你多少岁第一次离家去远方吗？”这次我们不配文字，给这个图片配一首歌，好吗？你觉得什么样的歌可以配上这张图的意境？

生：我觉得可以用权振东的《小小的小孩》。（其他同学纠正：应该是《亲爱的小孩》）

师：好巧！我找来的就是这首歌。唱《亲爱的小孩》这首歌的，不仅仅有权振东，还有苏芮，以及萧敬腾。（深情地）好吧，现在，我们给自己一首歌的时间，让音乐温暖整个心房。

（播放歌曲《亲爱的小孩》。听罢，全场沉默）

师：亲爱的小孩，你们在想什么？

生：贫困灾区的孩子，他们没有钱读书。

师：你是一个善良的孩子。

生：这首歌用平凡的语言，把内心最真实的感情唱了出来，打动了所有的人。

生：每一个孩子在童年的时候，都会有一些难言之隐。我觉得这首歌把我们的难言之隐抒发了出来，触动了我们内心的深处。

师：亲爱的孩子们，这就是音乐的魅力。它会让我们觉得，有些人、有些文字、有些声音，适合在岁月里慢慢回味，是吧？

实录者语

图配文，即是应势而写，满足孩子们表达、交流的欲望；图配乐，即是用旋律勾起回忆，引起孩子们的共鸣，温暖他们的心房。在这一幕中，师生轻松互动，生生充分交流，进而引起“共振”。而这一切，都是因为微博背后的内蕴在滋养着孩子们，让他们悟出了写作的真谛 —— 抒写真实的感情。

/ 第四幕 /　引导概括 —— 提炼微博的现实意义

师：刚才我们欣赏了好几种类型的微博。现在我们小结一下：在微博的世界里，我们可以做什么？我先开个头 —— 在“微点小博”里，我可以抒点儿小情。

生：（争相发言）赏点儿小图、谈点儿小事、听点儿小曲、跟点儿小帖、发点儿小疯、偷点儿小闲、流点儿小泪……

师：你们真的很有感觉，我的想象力远没有你们丰富，概括力远没有你们强。大家知道 2011 年新浪微博中点击率最高、最热门的话题有哪些吗？

（生朗读）

> **李娜法网夺冠、微博打拐、日本地震、乔布斯去世、小悦悦事件、拉登之死。**

师：这些事件被评为热门话题，你有什么看法？

生：我觉得它们确实应该被评为热门话题。

师：为什么？

生：这里面有些涉及道德问题，比如小悦悦事件，有些是名人的大事，还有一些是灾难性事故。

生：我觉得这些热门话题能引起网友们的共鸣。

师：最能引起你共鸣的是哪件事？

生：所有这些事件都能引起我的共鸣。（生笑）特别是日本地震这件事，因为它的影响面最广，而且是近年来比较严重的一次灾难。

师：你知道在这次地震中我们中国做了什么？

生：当时我们派遣了有关人员去日本援助，发扬了我们的国际主义精神。

师：对。同学们看啊，这些事当中，有关于灾难的，也有关于体育的，这其中尤其值得关注的是“微博打拐”，也就是通过微博来寻找被拐卖掉的孩子。微博关注社会、道德、生活和世界的热点，它包藏着一个大世界，这就是“微言大义”。这样的微博是具有影响力和生命力的。那么，我们该怎样面对汹涌而来的微博世界呢？李开复先生说过这样一段话，送给大家。

（师请一生朗读）

①不要只是用微博来看八卦、社交、游戏，微博是一个很好的学习工具，而且让你只要点击“关注”就可以得到一个老师。

②不要沉默，不要潜水。这是沉默的大众发出声音的大好机会，甚至一个“转发”也是群众智慧的机制之一。

③学会好好写。正面影响他人是神圣的事情。

师：这三点中，对你触动最大的是哪一点？

生：我觉得是第二点。

师：呵……你平时肯定喜欢“潜水”，你要学会发出自己的“声音”。写作，是我们存在于这个社会的一种方式，你有义务也有权利对这个社会发出你自己的声音，就像在今天这堂课里，大家都在积极地参与，都在发出自己思考的声音。

（传递话筒，继续请生回答）

生：对我触动最大的是第一点。平时，我在网上只是玩玩游戏，或者跟别人聊聊天，没有去关注社会的热点新闻。如果我去关注的话，我就可以了解到更多，学习得更好。

师：是的，关注一个人，相当于得到一个老师。其他同学还有要说的吗?

生：对我触动最大的是第三点。以前我都是“转发”微博的，从来没有自己写过，现在才知道要好好学习写微博，只有这样，才能将自己的情感抒发出来。

师：同学们说得太对了！昨天有个好朋友在微博里发出呼吁：“给我一点儿正能量吧！”我知道她遇到困难了，就赶去安慰了她。有些时候，正面地影响他人是一件非常神圣的事，就像你心里有阳光时，你可以让别人也一起温暖，这也是我们日常写作的意义。我们来看看班上有个同学关于写作的一句非常好的话。（请这位同学读）

因为有许多人、许多事走进我们的生活，所以我们才会为那些事、那些人驻足，用文字去记录值得记忆的一幕幕。

实录者语

赵老师以爱为底色，描绘了绚丽的微博世界，点亮了孩子们的心灯。孩子们对微博的认识从此更加丰满，更加深刻：用好微博，用写作的方式热爱生活，热爱世界。用爱带给彼此最好听的声音，让阳光照耀他人！

/ 第五幕 /　　写作练习 —— 体悟写作真谛

师：现在，我们为本周的生活写一条微博吧！用文字记录这一周国家发生的事、杭州发生的事、学校发生的事、邻居的事、你的事。

（生写作，交流）

生：深秋了，天气冷了，路上的人都穿上了厚厚的外套，甚至不少人还戴上了手套，忽冷忽热的天气伤不起！

生：秋天总是让人忧伤。落叶飘零，又是一个离别时刻。当你生命中存在的人离去之后，你只有蓦然的回忆。

生：今天，NBA 新赛季开打了，熬了一个暑假，终于又可以感受篮球的激情与精彩。好高兴！好期待！

生：这周我们班举办了一场特别的生日会。十分有幸，我是其中的一位"寿星"。在学校和同学们一起分享生日的快乐，似乎只出现在我小学三年级以前的记忆中，能有这样一次机会我感到很幸运。

生：班里马上要多一名新同学了，所以原本的 54 人要变成 55 人了。但是无论我们班是 54 人还是 55 人，其实都是一个人。我们怀着共同的目标、共同的目的，来到了建兰，来到了 206 班。

生：真心劳累！昨天跑完 800 米，今天腰酸背痛，还时不时地咳嗽。话说我比某位同学快了一秒，她非常坚定地说下次要超过我。是的，有目标才会有追求。

生：下周一就是期中考试，压力山大哟！偷了个小闲，去看了《暮光之城：破晓》，哈哈，各种欢乐，各种忙里偷闲。

师：我觉得同学们写得很有生活的感觉，这就是好的写作。我们用微博的方式记录了这周的生活，发现生活虽然平常，却也有让人怦然心动或者发人深思的瞬间。那么，你觉得微博是写作吗？

生：微写作。

师：是的，不知道从什么时候开始，我们身边充斥着各种"微小说""微剧本""微诗歌""微故事""微影评"……我们的生活节奏太快了，以至于被割成了碎片。我们用"微写作"来记录我们的"微生活"。

课前，赵老师曾经布置了预习作业："你认为什么是写作？我为什么要写作？"有些同学写得很不错，我们一起来分享下他们的观点。

（大屏幕配乐展示学生观点，生默读）

什么是写作？

写作就是以一种文学的方式将你心中所想、所念、所思加以诠释并展现在纸上，使人读后可以看到你的所想、所思并引发对于主题的思考和文化的认知，继而获得你所要表达的思想的真谛。

（苏杭）

写作离不开生活。没有生活，自然就没有了写作。只有拥有与众不同的生活，才会有妙笔生花的写作。生活是写作的基础，没有生活，再华丽的色彩也无处可填。（翟嘉豪）

写作如同作画，把一个场景用最美的语言、最好的技巧记录并保存下来。（陈昱文）

对我来说，写作仿佛是机器的润滑油，既能将自己的理解呈现在他人面前，同时也能加深自己的思考，并从内心深处油然而生愉悦之情。（姚奕锦）

为什么要写作?

我写作，是因为当快乐、悲伤等情感在心中泛滥时，我可以用写作来抒发，同时也能通过写作将一些难忘的事情保存下来，以便日后回忆。（刘则远）

写作能留给老去的自己以纪念，能让人重拾激情洋溢的青春时光。（潘林威）

（师请一生朗读）

有人问我，人究竟什么时候会死？是被枪打中心脏的时候？不对；是得了不治之症的时候？也不对；是喝了剧毒蘑菇汤之后吗？当然不是，是被世人遗忘的时候啊……所以，我想这些洋洋洒洒、朦朦胧胧的文字，也许某一天能够证明：这个世界，我来过。

师：同学们，今天的课马上就要结束了，但生活依然继续，从此刻起，我们要做一个爱生活、爱写作的人！下课。

学生看点

/ 沈寒露 等

沈寒露

这堂课的内容很贴近生活，微博力量的强大也让我内心震撼，特别是当《亲爱的小孩》音乐响起时，我顿时明白，音乐与写作原来可以这样水乳交融……

突然间，想让这节课长点儿，再长点儿……

杨晨颖

我们轻点着指尖，静静地聆听这堂意味深长的课，仿佛伸出手指就能触及那些美好和快乐。雾霾之下的大好河山，灿然世间的千姿百态，尽浓缩汇聚在小小的微博里，和那些鼓舞人心的力量一起散发着淡淡微光，一直坚定地、真实地指引着我们，向心中的最高点前进，坚定不移。

庞俊昊

在风趣、幽默的“吐槽”中，老师将我们对网络的喜爱和对学习的热情巧妙地糅合在一节别开生面的写作课中。不同形式的表达方式，不同人物的真情实感，不同时间的奇闻趣事，在短短一节课里，都一一呈现在我们的眼前。不过，感触最深的还是权振东那令人陶醉的歌声——《亲爱的小孩》。

在音乐结束后的短暂沉默中，我感受到了内心最深处的震动。快乐的时光转瞬即逝，留给我的除了这意义非凡的回忆外，还有那深沉的思考。

王钦琳

这是我进入初三以来听到的最精彩的一堂课。赵校长和我们一起，像密友一样谈着我们最感兴趣、最关注的内容。大家无话不谈，时而欢笑时而深思，用最原始、最淳朴的方式去面对写作，享受阅读。在巨大的应试压力前，我们常常丧失写作的信心，可在这堂课里，赵校长却用一种清新明快的方式让我们重新认识了写作。我想，即使在毕业多年以后，我仍会深深地记住这堂课，记住写作的意义。

何翼飞

在上这节课之前我没有开通微博，因为我一直以为这会影响我的学习。上完课后，抱着试试看的心理，我注册了腾讯微博，并时不时地在上面抒点儿小情，议点儿小论。猛然间发现微博的世界是如此精彩纷呈。我的业余生活又新开了一扇门。让我们一起“微点小博”吧！

余妍琳

这堂课充实而有趣，我们看到的正是期待已久的正能量：一朵小黄花脆弱而坚强，在枯树间开得那样灿烂，那样辉煌。或许人生中会有些许的苦恼，或许人生中会有灰白的基调，或许我们会像那个孩子一样有着孤单的背影，但是我们一定要相信：只要乐观地面对，没有什么可以打败你。

教师看点

/ 马小平 等

/ 一种课堂 /

/ 微点小博 /“元芳，你怎么看？”如果我说我不知道元芳，一定会被笑掉大牙，但这是真的，我只知道自己“out”了。同样地，不知“微点小博”的老师，叫孩子如何来爱你？

/ 抒点小情 / 亲爱的孩子，我们总是告诉你跌倒了要爬起来，可是，我们不曾告诉你如何收拾一地的碎玻璃，然后有尊严地爬起来。希望在你无助、孤寂的时候，忆起这堂“微点小博”。

/ 议点小论 / 这是一个自由、安全的平台，在一个个被压缩到极限的时间节点里打开心的窗户，看浮生百态，亦回望自己。生活在当下，更生活在别处。这就是“微点小博”的境界。

/ 发点小图 / 收缴上来的手机里有一张语文老师的“背影”照片，还有课堂现场“织”的微博：“原来，我的老师在一天天变老，我看着她的背影，不禁伤心起来。”亲爱的小孩，我该拿你怎么办呢？“微点小博”遇到“班主任”有点儿微妙。

/ 唱点小调 / 停下脚步，听听这个世界的声音。也许只是一句话、一张图、一首歌的时间，也许只是那匆匆的一瞥，但我们与这个世界建立起了一种单纯而紧密的联系。从“微博”开始，学会写作文；更重要的，是学会写人生。让我们也“微点小博”，如何？（浙江省杭州北苑实验中学　马小平）

/一种能量/

/ 赵群筠老师的“微点小博”写作指导课，为每一颗迷茫的心传递了正能量 —— 写作不是技术活，也不是为了一篇满分作文，而是一种融合新信息技术的“微言大义”。将微博作为一种校园里的微写作，让学生学会感知生活、感悟生命、感怀青春，留下简简单单却又独一无二的批判世界的符号，这正是校园写作改革的一个起点。　　（浙江省杭州市拱宸中学　苏翔）

/ 当某些家长和老师认为学生写微博是“不务正业，影响学习”的时候，赵群筠老师却开设了这堂公开课，让我们在微博里体会到了喜禾爸爸的父子情深，感受到了《亲爱的小孩》歌声里的力量，让我们明白了什么是微言大义。可以说，微博的正能量即是写作的正能量。

（浙江省杭州市文晖中学　钱汝琦）

/ 这节课最可贵的地方，我想是赵老师给予了学生一种正能量，教他们学会生活，学会取舍，学会写作，将那些温暖的、阳光的力量注入自己的内心深处，而将那些负面的、阴暗的东西摒除在外，让自己的内心变得更柔软，也变得更坚强。　　（浙江省杭州市行知中学　徐巧飞）

/ 一种生活 /

/“微博”很八卦，但可以让写作充满时代的气息。从“围巾”的图片引出微博，通过“元芳，你怎么看？”这一流行语来激发学生写作的兴趣——原来写作可以从学生生活中最为贴近、最感兴趣的事情出发。

“微博”很八卦，但也可以很生活。三大网站对微博的定义以及笑中带泪的微博语录，流露出浓浓的爱和对生活的态度。

“微博”很八卦，但可以很有韵味。一张长在枯木上的小花的图片可以配上一段美妙的文字，一周枯燥的生活可以用一段很有情感的话语来描述。

（浙江省杭州市桐庐县教师进修学校　程红鑫）

/ 一种希望 /

/ 赵群筠老师的《微点小博》一课，非常“时尚”。网络、音乐、图片、视频，所有“潮人”必备的东西都能够在这节课中找到。从某个角度讲，赵群筠老师的确是个不折不扣的“弄潮儿”。而这份“潮”的背后，是教师对学生写作需求的尊重和激发，就像一颗石子投在了平静的湖面，一连串的连锁反应如涟漪一般在学生心头荡漾开来。这节课之后，孩子们冒出了各种“微”形式的语文活动：微小说、微讲座、微诗歌……

（华东师范大学附属杭州学校　杨晓迪）

解放写作

/ 叶黎明

在浙江省的语文特级教师中，赵群筠无疑是备受瞩目的明星教师之一。这里面原因很多，在我看来，有一个很重要的原因就是时尚。无论从外表到内在，赵群筠老师都是一个相当时尚的人。披肩、挂饰、裙子，这样的标配，使人们能轻易地在许多场合认出那个环佩叮当、裙裾飘飘的赵群筠；她还是一个时尚的读者与作者，喜欢在微博和微信里与朋友分享精致而率性的文字，风格鲜明。课如其人，有什么样的教师，就会有什么样的课堂。因此，当我在现场观摩这节写作课时，扑面而来的感受就是：好时尚的课！好享受！

当然，不同的人对时尚的内涵有不同的理解。时尚是不是语文课堂的应有之义？“微点小博”的时尚性体现在哪些方面？我们能从一堂关涉时尚写作与时尚教学的课中获得哪些启发？对上述问题的探究，也许有助于我们展望写作教学改革的动向。

一、开放文体：我们应该教什么

这堂课，首先值得一提的是，赵群筠老师选择了时下最热门的新媒介——微博——作为教学内容。这种选择本身就显示了优秀教师在写作教学内容开发上的大胆与开放。这是这节课“时尚”的第一个内涵。在话题作文作为中学写作训练“绝对主角”的背景下，引进微博这样的新文体，意味着开放——写作教学不应该变成自筑篱笆的封闭式训练，为考而教；不应该无视当代新技术新媒介给阅读和写作带来的巨大挑战，而始终耽溺于围绕话题写600—800字感想文的训练。

我们来看这样一组对比：

在网络时代，微博正成为应用最广、受众最多的一种新文体。据中国互联网络信息中心第31次互联网报告，截至2012年12月底，我国微博用户数已达3.09亿，微博已经成为中国网民使用的主流应用，是网络舆论传播的中心。我国有5.64亿网民，其中10-19岁的青少年网民占了24%，约1.35亿，绝大多数是中学生，他们中超过半数的人在使用微博。

目前，全国有近7000万青少年在使用微博！语文教材没有涉及倒也情有可原，毕竟微博是自2009年才在我国流行的。但是，在语文课程具体实施中，有多少教师把微博与写作教学结合起来呢？笔者在中国知网以“微博”与“写作”为复合主题词，检索到2009年至2012年的论文共91篇，只有两篇和中学语文教学相关，这是否说明了语文教学与新媒体读写的疏离？

但是，这种疏离是不应该的。无论是《义务教育语文课程标准（2011年版）》还是《普通高中语文课程标准（实验）》，都提到要构建“开放而有活力的语文课程”，要“加强与社会发展、科技进步的联系”。数字化媒体信息的读写正越来越成为现代社会生活的一个重要方面，按照新课程标准的精神，也应该成为语文学习的一个重要领域。语文教师应该将满足学生升学考试与满足学生生活所需的写作教学整合在一起，摆脱刻板、单调的写作训练模式，让学生写一写报告、演讲稿、个人简历、申请书、求职信，还有微博、微信等各类文体。我们应该认识到，交际规则和技巧的重要性丝毫不输于议论、记叙等表达方式以及谋篇布局等篇章学知识的重要性。

让我们回到本课开头的一幕。赵老师出示了围脖的图片，学生马上知道它是微博的昵称。赵老师接着问："你们都有微博吗？"大部分孩子都举起了手。

这一幕意味深长。我们应该教些什么？学生用森林般的手臂投了票：为他们所热爱和需要的写作而教。这样的写作课必将充满期待与欢乐。

二、解放自我：我们为谁写作

在导入微博的话题后，赵老师接下来展开了如下四个环节。

环节一，欣赏：分享精彩的微博；

环节二，尝试：以参与式体验引领学生欣赏微博的另外两种形式——图配文、图配乐；

环节三，提炼：聊微博的功能以及由此引发的自我反思；

环节四，练习：为本周生活写一条微博。

看到这里，也许有人会纳闷：这节课的落脚点究竟在哪里？乍看起来，这堂课与其说是写作课，倒不如说是微博品赏课。因为赵老师花了大量的时间，与学生分享微博，交流阅读微博时内心的体验与感动，学生在课堂上的写作时间只有短短的几分钟：为一幅画配点儿文字，写一条本周生活微博。哪怕是这几分钟的写作，赵老师也没有向学生传授写作的技巧。我们不禁要问：这堂课，她究竟想带学生到哪里去？

等到课上到收尾阶段的时候，赵老师用 PPT 呈现了学生对两个问题的思考：什么是写作？我为什么写作？这时，我才恍然大悟：这不是一堂写作技巧训练课，而是一堂写作认识课。教师教学的落脚点，不在于“技”，而在于“境”，不是教学生写微博，而是通过微博的读写，唤起学生对写作的热爱与责任，促进学生对写作与生活、写作与自我关系的理解。这是这节课“时尚”的第二个内涵。

利用微博，赵老师为学生打开了写作的一个新世界，启发学生思考：我们为何写作？我们为谁写作？我们能够写些什么？从工具与目的的匹配度来看，赵老师的选择无疑是高明的。因为微博这种新文体与日常写作课上所训练的文体形成了巨大的反差。反差越大，刺激就越强。而在强刺激中，我们的确能够看到一些问题的答案。

通常情况下，语文老师把批改后的作文一发下来，学生就把它揉碎了扔进废纸篓，宣告文字的“速朽”。而微博有生命，还会生长。在回应、转发、引用、扩散之际，文字获得了生命。它们像星星之火一样，呼啦一下子蔓延开去，像细胞一样，快速地裂变、生长、膨胀。会生长的文字和分数相比，哪一个对作者的刺激更大呢？

写作的本质之一是交际，而语文课堂上很多写作训练脱离了交际这一旨归，变成了“三无”作文——无目的、无对象、无任务。写给谁看、为什么写、写成什么样子，基本不明确，“自拟题目，以‘让世界充满爱’为主题，写一篇记叙文”，“就黄河污染事件自拟话题写一篇作文”，“以步入青春为话题，写一篇作文”，类似的“三无”题目严重抑制了写作者的主体意识和写作热情。学生不知道为谁而写，却不得不写。但是微博不一样。它是一种互动艺术，有交流、反馈、共振、余响。可以毫不夸张地说，它的首要意义是以自由表达、互动交流的方式满足了人们的表达欲望。一方面，微博因实时互动带给作者以强烈的期待感，使他们产生一种欲罢不能、仿佛上了瘾般的表达欲望。另一方面，微博所标榜的“自由表达”“表现自我”，也使人们找到了表达的快感与个性张扬的喜悦。这是一种令人快慰的经验。微写作的背后，其实隐藏着一种“文化民主”的精神。时代抒情的主体从作家、诗人、艺术家等转向了万千网民，普通人的声音可以通过网络向四面八方扩散，这是作者和文字的解放。新的天空已经打开，教育怎能无视这样的天空呢？相形之下，校园内 600 字或者 800 字以上的话题作文，更像是一种孤独的感喟与没有回响的独白。通过挑选更接近学生生活、更具争议性的话题来调动学生写作的积极性，其实是一种治标不治本的努力。因此，我觉得这个课例最大的意义，并不是教师选择了一种时尚的文体 —— 微博，而是这种文体本身对当下写作教学现状的刺激。我们不妨把赵老师结尾呈现的两个问题换成：写作教学是什么？我们为何而教？也许每一天在踏进教室前，我们都应该有这样的思索。微博等新媒体的出现已经颠覆了传统的写作观，写作不仅仅是一种书面交际，它似乎变得更容易，能够在 140 字以内随心所欲地写，它又似乎变得更复杂，需要结合文字、图片、音频、视频。我认为，语文老师有责任培养学生阅读和创作多媒体文本的现代读写能力，有责任把学生培养成真实而有力的写作者。只有这样，学生表达的积极性和自信心才能回归。

三、超越平庸：怎么写得更好

我在本文开头说过，有什么样的教师，就会有什么样的课堂。这堂课的示范意义还在于，教师本人就是一位时尚的作者。她活跃在互联网上，娴熟地掌握现代传播媒介，并在积极的书写中形成了自己独特的审美格调。这种格调使她的课开放而又矜持，并且超越了平庸，超越了哗众取宠的热闹。这是这堂课时尚的第三个内涵。

课堂上，赵老师以开放的心态为学生呈现了各种类型的微博，“其中有热门的、好看的、哲理的、幽默的、好听的、纠结的、抒情的、大气的，等等”，纷繁但不芜杂。在对微博材料驾轻就熟的运用中，我们能看到一名优秀教师建构教学内容的从容与自信。

说到矜持，我们能从课例中看出，赵老师不仅与学生分享微博，她还唤起学生对微博背后观念、意识、情绪、价值判断、精神禀赋的关注。她出示的每一条微博，都在力图传递一种正能量。它们是朱德庸笔下“一间不大但阳光充足的小阁楼”，是蔡春猪笔下“让千万人潸然泪下”的小幽默，是张爱玲笔下“低到尘埃里”后开出的花，是寂地笔下温柔的鼓励“不要害怕”，是赵老师朋友笔下如“皇帝批阅奏章”般“每天早上起来看微博”的入世情怀。这样的文字，使课堂始终流淌着审美的意绪。

微博对于写作具有复兴意义和解放功能，它解放被压抑的自我，解放被压抑的抒情愿望，解放被标准化的写作模式限制的语言形式。但是，这种解放也隐含着一种危险：消费与娱乐主导了大众狂欢式的写作。要轻松，不要深刻；要小我，不要大我；要日常生活的小叙事，不要民族国家的大叙事。很多人都得了深刻厌倦症，史诗般的长篇少人问津了，戏谑、讽刺、搞笑、打油诗、无厘头、各种模仿体大行其道。无数的“微”生活，并不必然聚拢成为有意义的“博大”。微博世界，有多少文字的泡沫呢?

而赵群筠老师的这堂课，是为学生写作进行的“导航”。她通过微博向学生传递正能量，引导学生思考写作的本质、功能与目的，使他们今后的“微写作”不至于转向“娱乐至死”，而是致力于人文底蕴的建构和价值理性的诉求。这是值得肯定的。

当然，这堂课也并非无懈可击。在我这样一个写作教学“技术派”看来，课堂层面的写作教学，不能一味地“形而上”或“形而下”。教学生写微博，除了唤起、激发学生写作的兴趣和热情之外，在写作技能上，教师真的无能为力了吗?

我曾经在一篇文章中提到，散文基本上不需要教，因为散文写作是自由的、少限制的、随心所欲的，当时举的例子就是微博。是的，没有谁规定微博应该怎么写，唯一的限定就是字数。微博把自由给了每一个作者。尽管人们根据不同的标准给微博做出这样那样的分类，如从文学的角度，将微博分为格言式、世说新语式、微型小说式、谜语解谜式、歌谣式、短诗式；从新闻传播的角度，将微博分为“华尔街日报体”、海明威式“电报体”、贴近平民化的“观察体”“段子体”“语录体”等。但实际上，我们完全没有必要要求学生按这些类型去规范自己的微博写作。原因何在? 也许微博始祖 Twitter 的英文原意“小鸟的叽叽喳喳声”是对微博“自由”的最好诠释。众声喧哗才是叽叽喳喳，世界上哪有标准化、规范化的鸟叫声呢?

但我仍然相信，每一种文体都有它的特质。写作教学可以引导学生直击这些特质，从而更有效自如地运用它。比如微博，在我看来，它的特质是“有人围观”，围观是微博的生命所系。无人围观，无人回应或传递，一条微博就会如火花般熄灭；反之，围观者越多，转发、评论越频繁，微博就越能获得生命。网上流传这样一则段子：如果你的微博粉丝数量有 2000 人，那么你就是在经营一本杂志；如果你的粉丝数量超过 1 万，那就相当于一份地方报纸的影响力；如果你的粉丝数量有 5 万，你就是一份大城市报纸的主编；如果你的粉丝数量达到 500 万，你就拥有了中央电视台的影响力。这段话形象地说明，微博的价值取决于受众的多寡。基于这样的特质，我提到的以下两点也许可以开发成为具体的写作技巧。

第一，调动他人围观的热情。

第二，形成自己微博的特色。

如果本课能在传递形而上的写作观的过程中，兼顾到具体、可操作的写作技巧的落实，那就是理想的写作教学。当然，受限于课时，要让境界的达成与技术的训练在一节课里同时做到，未免要求苛刻，但它们应该成为写作课程长远的目标。我们训练学生掌握这样或那样的写作技能，最终是为了鼓励他们写下去，在反反复复的文字锤炼中找到最适合自己的表达方式，成为有效的、有力的作者。如果他们中有人对文字产生特殊的爱怜，那就是对语文教师最大的安慰。

而当下，我们需要更多像“微点小博”这样的写作课，去解放写作，解放课堂，解放学生。

（叶黎明，教育学博士，杭州师范大学人文学院副教授）

6.

感动自己，感动别人

写作就是把自己的内心和经历调动起来，用一种审美的眼光，在我们熟悉的人和事当中挖掘出美丽的风景，打动自己，打动读者。

《你用什么打动我》课堂实录

时　　间 / 2014 年 3 月
地　　点 / 浙江省杭州市建兰中学
实录整理 / 浙江省杭州市上城区教育学院　孔晓玲（浙江省中学语文特级教师）

/ 前记 /

从来没有想过，有着 20 年教书经历的我，竟被一堂公开课深深地击中了心灵，而且还是一堂中考作文指导课。是的，一堂作文指导课居然让我泪流满面，心情久久不能平静。直到今天，已经过去了四年，想起那堂课——《你用什么打动我》，我仍然有流泪的感觉。

让我介绍一下这堂课的背景。

2013 年下半年，赵群筠老师给 309 班的孩子们上了一节课《十七岁》，课堂浑然天成，师生双方很是投缘，于是约定再一次在课堂上相见。

上课前一周，赵老师委托我做两件事：一是要学生回答两个问题，“什么是写作”“什么是考场作文”，将答案写在白纸上；二是给学生布置一篇命题作文《熟悉的地方也有美丽的风景》，用一堂课时间完成。两份资料收集好后，赵老师来取走了。

课堂如期进行，我带着孩子们走进了大礼堂。下面是黑压压的观众，我的学生们稍稍有点儿紧张。赵老师在台上微笑着等待，而我则坐在第一排聆听……

/第一幕/ “写作”定义探究竟，“情·分”之争定高低

师：孩子们，我们今天的话题是考场作文。上星期我请孔晓玲老师问了大家一个问题：“什么是考场作文？”同学们都写出了自己的答案。我请一位同学来朗读部分同学的答案。

（一男生朗读）

用规定的格式、确定的套路、不定的字数进行的写作。（陈天）

以得分为唯一目的的作文。（何佳琪）

用于提升文凭、找到工作、过好人生的一个工具。（俞睿）

考场作文就是在考试中运用一定的模式和规律，为了获取高分而写的作文。（万子靖）

师：你怎么看待他们的观点？

生：我觉得这些同学和我想的差不多。（众笑）

师：我请一位女生朗读我们班另外一组同学的观点。

（一女生朗读）

考场作文就是整体地、有层次地、清晰地表达自己的真情实感或自己观点的作文。（陈策）

尽管说起来容易做起来难，考场作文最好要有真情实感，写真事，写感动自己的真事。（俞玥）

在考场中写作文，同样要表达出自己的内心感觉，通过文字将自己的所见所感呈现出来。（吴啸岩）

师：同学们对这两组观点有什么看法吗?

生：我发现第二组这三位同学的作文水平都比较高，第一组跟我持相同观点的同学，好像考场作文得分总是不高。

师：是吗?

生：嗯。老师是不是事先知道第一组同学的作文得分不高?（众笑）

师：我告诉你，我还真不知道。我只是把你们的观点做了大致的分类。第一组同学的作文确定没有第二组同学的作文得分高，是吗?

生：对呀！（众笑）

生：我有一个感觉，不知道是否正确，第一组同学写作文的时候就想着一个字——分，第二组同学脑海里也想着一个字——情。

师：你的感觉很准确，既然如此，大家今天可不可以暂且把“分”忘掉？我们来探讨一下作文中的情感表达问题。（板书：情）

实录者语

的确如此。平日里，第一组同学写作文很努力但也很痛苦，难有优秀之作；而第二组的三位同学写作时轻松自如，他们的作文经常被当作范文在班里展示。我们经常将其中的原因归结为语文基础和写作功底。“什么是写作”，“什么是考场作文”，这两个小小的问题极其朴素，却让我们发现，原来是写作动机和写作理念决定了写作行为。赵老师用这样的角度审视写作思维，从这样的角度切入写作指导，实在是高明。

师：今天这节课我们要讨论的话题是“你用什么来打动我”（PPT 出示）。这里的“你”指的是谁?

生：你。

生：阅卷老师。

生：读者。

师：都有道理，那么你用什么来打动“我”呢？想过这个问题吗?

生：我觉得首先文章的情感非常重要，还有就是选材要新颖。

师：什么叫“打动”？

生：触动心灵。

生：让阅卷老师和我一样深入文章当中，能感受到我的情感。

师：对，让老师或读者进入你的文章，感受你的情感。非常好的解释。

生：我觉得“打动”就是让老师一看到你的文章，就觉得好像跟你有过一样的经历。

生：我觉得从浅层理解，“打动”就是让阅卷的老师对你这篇文章印象深刻；从深层理解，就是你这篇文章（包括情感）能引起老师的共鸣，能让他进入你的内心世界。

实录者语

这么快就完成了对“打动”的正确理解，课堂的基调就此定下来了：尊重内心真实的意愿。“真实”是最有力量的，是能够影响人一生的力量。这正是赵老师在课堂内想要引导孩子写作的方向。

/第二幕/　例文轻点巧提醒，真诚劝言促自省

师：同学们对“打动”都有自己的理解，都很不错。现在，我们来读一些文章。上星期我们写了一篇作文，题目叫什么？

生：（齐）“熟悉的地方也有美丽的风景”。

师：这是一篇命题作文，我请孔老师给大家一节课的时间来写，大家的作文全部在这里了（出示课件）。我现在想问的第一个问题是，你在写这篇作文的时候有没有打动过你自己？（有四位同学举了手）

师：同学之中有没有一个叫茅书荻的？你为什么不举手？

茅书荻：我忘了写什么了。

师：我可记得你的作文。来，请你把自己的作文读一下。

茅书荻：（读）好风如水，月夜读书，寻得旧书，名曰“昭君怨”。尘封许久，视之黯然，常以为书即美人，往昔之书，岂非古之美人乎？遥想当年，初出青梓，皓齿明眸，读之心如浴雪，而今黄尘满面，素蟫灰丝……（读得结巴，且多有错音）

师：你这篇文章让我困惑了好几天。你怎么想到用文言文写作的？

茅书荻：因为……因为无意中在网上看到这段话，觉得好玩，就引用过来了。

师：原来这是你暂时借用过来的一篇文章。也就是说，这篇文章并没有打动过你自己，是吧？

茅书荻：是的，因为当时没有多少时间写作文。

师：我非常欣赏你的坦诚，不过，写文章要想打动别人，一定要写你自己的内容，要把你对生活的思考，通过自己的语言表达出来。

实录者语

赵老师既指出了作文的不足，又维护了孩子的自尊。明明是抄袭，但教师没有从“道德品质”的角度来评价，而是从“知识学问”的层面去探讨作文失败的原因。这样的善意点拨足以让孩子心存感激又铭记于心。有温度的课堂，会让人感到心灵安全。

师：你叫什么名字？

生：方正和。

师：方正和，我有印象，你文章中那段独白写得不错。要不你把自己的文章读一读？

生：（读）题记：被黑暗缠绕着，即使流着泪呼喊着谁。只要有火热的心，梦想会战胜一切。——梦比优斯

我变得很暴躁，非常地暴躁，暴躁得都不认识我自己了。

卧在这片无人的草地上，我注视着天空。我不想去看小鸟，因为小鸟其实并不自由，它们只是为了捕食才不停地飞行，是人类把自由的梦想强加给了小鸟。我的目光锁定在那淡粉色的花瓣上，它，随着风，飘摇进了天堂。像一叶小舟，被那“潺潺”的微风送到了远方，被花姑娘们围着歌唱、跳

舞。我只是默默地欣赏，看她们像以前的我一样，自由自在……

我，开始冷静下来。

回家前，我好好看了看变黑的天空。我多想看看，云雾中那若隐若现的飞碟；我多想望望，从遥远的 M78 星云射过来的光；我多想找找，那夜空中——最亮的星。黑暗笼罩下的世界，需要有人用光来引导。如果说人的梦想会化成一颗星，那么，这夜空中一定有一颗属于我的星，在某个不知名的地方，引导着我。

相遇、分别，喜悦、悲伤，人真是一种非常麻烦的生物，但岁月的流逝，不也成为人的回忆了吗？如果没有了回忆，不是很令人悲伤的吗？在这个再熟悉不过的广场上，有一个孩子在释怀地笑。他的嘴角弯得圆润，弯得平滑，弯得无邪。“不要丢掉那份感情，纵然这感情被背叛过几百回。”声音是从心底里那个最熟悉却又渐渐不熟悉的角落里传出来的。

看看风景吧，它会帮助你找到你的心。再熟悉不过的地方，也有美丽的风景；而最熟悉的地方，莫过于你自己的心。感谢这风景，让我不再那么暴躁。

后记：过去的无法改变，但也许现在的我可以改变未来。

（读完，大家鼓掌）

师：方正和，你怎么看待同学们的掌声？

生：非常温暖。（众笑）

师：你想知道我读了你的文章后是什么感觉吗？

生：老师，请明说。

师：心疼。对于你成长过程中的内心挣扎，我能理解，因为我有一个和你差不多年纪的儿子。读你文章的时候，我能感到你被自己打动了。

（一生举手表示有话说）

生：这篇文章真的写得很好，但是不一定能拿高分。因为这种表达自己内心真实情感的作文，格式比较散乱，而考场作文……（全场笑）

师：（笑）我刚刚还说把“分”给忘了，你怎么又想着“分”呢？我只是想问你，这篇文章有没有打动你？

生：他写的的确让人有一种伤心的感觉。文章的开头让我有点儿想笑，尤其是“梦比优斯”，可是到后面我就笑不起来了。老师你知道“梦比优斯”是什么吗？（笑）

师：我不知道，你能告诉我吗？

生：是奥特曼。这个场景写出了男生的幻想，所以老师你是不知道的。

师：是啊，男生的心理我不知道。不过方正和，我有一点儿担心你的文章，你是一个完完全全为自己写作的孩子，你在强调一个字 —— 我。我在想，你的作文打动了你自己，但是能不能打动别人呢？

实录者语

赵老师展示了两篇例文，让学生明白了写作中应该注意的问题：写自己的事，说自己的话；写作不仅仅要打动自己，还要打动读者。

在课堂中运用反例作文其实比展示范文更难，稍有不慎就容易伤害到学生的自尊，赵老师用亲切、真诚的语言和态度让学生放下了警惕的盔甲，客观地面对现实，反省自己的不足。而其他同学在这样的反省中也收获了许多。

/第三幕/ 静心批注寻亮点，互评朗读找根源

（师随意分发生作文，人手一篇）

师：请同学们认认真真地阅读老师发给你们的作文，然后告诉我，你有没有被打动？

（生阅读作文，师提醒："静下心来，把笔拿起来，有感觉的地方可以做一些批注。"）

师：好，请告诉我，你被眼前的作文打动了吗？（有12位同学举手）

师：我们请这位手举得特别高的女生来朗读。你刚才阅读的是谁的作文？

生：吴亦姝。

师：（打开链接）既然你被打动了，那么就请你有感情地朗读它，好吗？

生：（饱含深情地朗读）

一个大火炉，一团厚实的白烟，一个推着炉子汗流浃背的人，这便是自儿时便萦于心头的风景——常见而朴素的冬日……即使是熟悉的地方，我在时光中前进，在某一个时间点背过身去，烙入视野的风景与回忆重叠。那份如同回家一般的回归感，就是一份沉重的美丽。

实录者语

赵老师将幻灯片翻到这一页的时候，我的内心被震撼了：密密麻麻的框框，每一框链接着一篇文章。为了满足课堂的随机生成，短短几天，赵老师把全班同学的文章都输进了电脑，并从一堆混乱的素材中抽丝剥茧，理出头

绪，找到规律。这是多大的工作量啊！这是多厚重的课堂预设啊！如果没有这样有意识地运用素材，我和我的学生可能还困在迷谷中。

师：你能告诉我这篇文章哪里打动了你？

生：细节描写和心理描写。

师：比如说？

生：“一个大火炉，一团厚实的白烟，一个推着炉子汗流浃背的人”在文中出现了两次。三个短句，描绘了一个典型的卖烤红薯的情景。不需要太多的修饰词，让人感到真实的情境就在眼前。

师：你觉得这个细节深深地打动了你，对吗？

生：她还用了很多重复的表现手法，比如说，文章中老是出现“熟悉”这两个字。

师：嗯，不断地点题。

生：然后通过对过去事情的回忆，把时光的流逝和熟悉这两种感觉结合在了一起，通过时间的流逝表达美丽。

师：就是说在时光流逝的淡淡忧伤中记录了一段温暖而甜蜜的回忆。但是老人卖烤红薯这个场景不是每个人都有的记忆，为什么这样的场景能够打动我们呢？

生：我觉得虽然看这篇文章的人不一定有买烤红薯的经历，但是可能在冬天的街上看到过卖烤红薯和买烤红薯的场景。这种朴实、简单的描写可能会勾起读者的回忆，就像《背影》里父亲给儿子买橘子的情景那样，会打动很多人。

师：你提到了几个关键词——朴实、简单、打动人。（板书：朴实）接下来，我们再来读一篇感觉完全不同的文章。

实录者语

课堂的饱满就在于自然生成的内容。赵老师的点评看似云淡风轻，实则字字珠玑。一是描写要与人物活动背景紧密结合；二是叙述中别忘了点题；三是艺术的真实来源于生活的真实又高于生活的真实，他人朴实而简单的生活经历能勾起我们对自己生活经历的回忆。这样隆重的范文展示一定会让小作者内心振奋。

（吴亦姝读俞玥同学的文章）

致我最亲爱的同学：

朝夕相处的一千多个日子，已然让你对这校园、对同窗的我们无比熟识，于是你在每天每天的循环往复中忘却了：就在这里，在你最熟悉的地方，也有着可与大千世界媲美的美丽风景。

从现在开始，我们一同擦亮眼睛，放慢脚步。

我们会路过那块中考倒计时牌——那些原以为多得数不完的日子，最终也只剩下了这么一点点儿。我们还有多少风景可以错过？我们还有多少恰同学少年的岁月可以挥霍？通透的玻璃窗让阳光充满整个楼道，我们的青春在窗外盛放。

看见了吗？这是一道只可意会不可言传的风景。

我们会走进教室。关上陪伴了我们两年的教室门之前，我发现它空荡荡的，陌生而冰冷。然后我和你一起，坐在老初三留下的教室里。一切都是那么的自然，好像这里就该是我们最熟悉的地方。后来我才知道，是因为有了你，因为有了所有的人。熟悉的面孔似乎有魔力，让人随时随地都有家一样的安全感。

看见了吗，这是一道最亲近、最温暖的风景。

从你我已经度过、正在度过、然而将来所剩无几的日子中，抽取一个极小的片段：学霸们在黑板上用粉笔演绎着数学世界，值日生无奈地在一旁等待；某个角落里传出一声饼干包装袋的轻响，“呼啦”一下，周围就聚满了像是从地底下冒出的人；老师在讲台上侃侃而谈，我们或是聚精会神或是豁然开朗或是目光呆滞；你我一起因一个故事泪流满面，一起因一次奋斗忘情呐喊……我们个性鲜明，却又无比契合。

看见了吗，这是一道最鲜活、最独特的风景。

与我一同闭上眼睛。或早或迟，你都会做这个动作——在你终于想要回忆的时候。你会看到，在再熟悉不过的场景中，我们共同相处的点点滴滴从记忆长河中闪现出来。这些极微小却极璀璨的风景会占据你我的脑海，填满心房，作为生生不息的力量源泉，带着一种无比欣悦的哽咽，让我们在目光可及的离别之日拥有青春最宝贵的财富和面对一切未知的信心。

我的母校，我的教室——这是我最熟悉的地方。

我的班级，我的同学——你是我最美丽的风景。

（读后全场鼓掌）

师：这掌声是送给俞玥的，也是送给吴亦姝的，对吧？你来说说看，这篇文章为什么能打动你？

生：她选的题材就是我们班同学的日常生活，其中有学霸们在黑板上演算数学、饼干拆开时旁边挤满了一堆人、上课时各种各样的表情……这些都是我们生活中每天都在重复的片段。

师：好，因为真实，所以感人。还有呢？

生：文章中有很多话让我非常触动。我一开始听的时候以为她写校园是因为这是她最熟悉的风景，慢慢听下去才知道，这里面还有同学，有朝夕相伴的伙伴。

师：我想问的是，这些人和事大家都经历过，为什么她的文章能打动人？是不是她的表达有独到之处？

生：这篇文章用了第二人称的写法，用书信的方式，这让我感觉很亲切、很贴心。

生：文中说“你我已经度过、正在度过”，我想，这会让阅卷老师很感动，因为他们肯定也有过自己的初中时代，虽然说和现在有些不一样，但是情感都是一致的。

师：这一段描写中，有一处让大家都笑了，是哪个场景？

生：“某个角落里传出一声饼干包装袋的轻响，‘呼啦’一下，周围就聚满了像是从地底下冒出的人。”

师：有这样的事情吗？

生：有，这种感觉非常温馨。

师：班里谁最喜欢带饼干过来？

生：杨理。

师：谢谢杨理同学带给我们的独特经历，也谢谢俞玥同学把这份独特经历记录了下来。（板书：独特）

师：写文章另一个很重要的关键词就是“独特”。好文章打动我们的，除了真实的情感，还有独特的表达方式。那么，你觉得“独特的表达”包括哪几个方面的元素？

（生回答：选材、结构、立意、语言、表达、情感等，师板书）

师：我们班的沈心悦同学说，考场作文是一种有节制的作文，它往往是一种便于阅读的作文。大多数考场作文都以差不多的面貌出现，选材几乎一样，因此就特别要求我们用更敏感的心去感受生活，从而获得不平凡的材料和思考。沈心悦的作文是不是这样写的呢？我们来看看她写的一段话。

（沈心悦朗读自己的文章）

记得在语文课上，老师关了所有的灯，拉开窗帘。没有日光灯打在脸上的焦灼感，我可以慢慢打量我的教室：才发现水池边的小盆栽好像多了一些，博古架上的书好像换了一些；同学轻声读着课文，在春日的阳光里笼着昏黄的光晕，书页也有奇妙的柔柔的质感。我仔细看了很久，像一个陌生的闯入者那样审视我的教室，充满亲切和新鲜感。

实录者语

我无意中的一个小行为，却给学生带来了美的享受。那是一节普通的语文课，下午第二节课，学生们已经疲惫不堪。休息一节课又有何妨？关灯，拉开窗帘，趴着也可以，闭上眼也可以，安安静静地听同学朗读美文。沈心悦的文章让我怀念起那一刻的美好。原来文字能让时光永恒，原来一堂课能让文字永恒。

师：这里面有一句话恰好地表达了沈心悦对写作的认识。大家能不能找到这句话？

生：（齐读）“像一个陌生的闯入者那样审视我的教室，充满亲切和新鲜感。”

师：对！“像一个陌生的闯入者”，这种独特的感觉，非常重要。

/ 第四幕 /　选材立意细思量，三年同窗情意长

师：这是2012年和2013年的杭州市中考作文题目“一份满意的答卷”“懂得分享”，请大家选择其中一个作文题目进行构思。

生：题目好难。

生：“懂得分享”更好写一点儿。

师：为什么？

生：因为什么东西都可以分享，分享快乐，分享经历……

师：可以分享的东西很多，那么你最想分享什么？

生：好吃的。

师：（笑）这个好，我愿意跟你分享吃的经历。

生：我选“懂得分享”，是因为“一份满意的答卷”题目看起来就比较死，能写的东西有限。

师：同学们都觉得“懂得分享”比较容易写，说明大家都是懂得分享的好孩子。去年中考结束的那天晚上，有记者打电话来，让我谈谈对中考作文题目的看法。我说，这是一个较好体现了素质教育理念的题目，一个不懂得分享的孩子，是绝对写不好这篇文章的。这两年中考命题的方向都指向“我”，也就是我们的内心和经历。写作其实就是把自己的内心和经历调动起来，用一种审美的眼光，在我们熟悉的人和事当中挖掘出美丽的风景，打动自己，打动读者。

同学们，你们马上就要毕业了，希望在最后一段时间内，你们可以用手中的笔，用心、用情去记录这三年来的点点滴滴。我给大家选了三首歌：一首是《夏天的味道》，女生会很喜欢，指向自己的内心；一首是《毕业歌》，是送给我们这个班级的；还有一首是《时间都去哪儿了》，是送给陪伴在我

们身边的亲人师友的。大家觉得哪首歌更能代表我们此刻的心境?

生:(大部分)《时间都去哪儿了》。

师:好吧，三年的时间都去哪儿了呢？怎么一下子就毕业了呢?

（师播放音乐，PPT滚动播放学生对写作的观点文字）

> **写作是将心中所想、心中所念用文字的形式表达出来，要融入内心最真挚的情感。（朱昶羽）**
>
> **写作是将内心的想法以文字的方式记录下来。它既要有内心的思想，又要以文字为载体。只有这样，才能与读者产生共鸣。（崔自在）**
>
> **只要用心，笔下的文字都是自由的。（祁琦）**
>
> **写作是人的一种体验，一种思索，一种享受，是根据你自己的经历、感悟，把内心的思想和情感流泻于纸上，让他人通过阅读走进你的内心深处的一种方式。（邢嘉雨）**

实录者语

真没想到我的学生个个是哲学家、文学评论家、作家，这些朴素的文字饱含着他们对写作、对学习、对生活纯朴的思考。两年来和他们相处的众多画面忽然苏生，在我的脑海中如列车般隆隆驶来，那么多开心的笑脸，那么多生动的眼神，那么多努力的身影，那么多的包容与尊重。师生一场，该是多大的缘分啊!

/ 后记 /

下课铃声响起，我没有起身组织学生离场。一个人静静地坐在位置上，直到台上空空荡荡。“你用什么打动我”，我又是被什么打动了？

我应该是被课堂传达的精神打动。赵群筠老师的课堂语言，每一句都很朴实，但它的力量足以感染和震撼每一个灵魂。课堂内，每一个人都以“独立的个体”真实地存在着，每一刻都在唤醒着自我，都在表达着对人的尊重。

我应该是被学生优异的表现打动。我是中途接的班，初接班时班里一片混乱，学生的成绩惨不忍睹。两年来这些孩子没少受我的批评，可进入初三以后，这个班级给我的惊喜超出了所有我以前带过的班级。他们这么勤奋好学，这么虚心，同学之间这么团结。这堂课让我深深地意识到，与其说是我教导他们成长，还不如说是他们帮助我成长。

我不知道多年后他们是否还记得这堂课，但我相信在中考前的复习焦灼中，这堂课肯定给了他们力量，告诉他们：要遵从内心的选择，用自由真实的自我去面对一切的困难，克服一切的障碍。

叙事散文如何打动人

/ 叶黎明

聚 焦

叙事散文，也称记叙文、写实性文章，是中小学写作教学的主要文体。

好的散文必须真。但是，真的散文却未必是好的。真实，只是散文写作的起码要求，而不是最高要求。真的生活，写出来未必好看，因为真实的生活大多平淡无奇，跌宕曲折的多是小说或剧本。

为了写出好看的散文，有的学生摸索出了两条路子：一条路通向文采，给平淡的生活和平庸的情感披上华丽辞藻的“羊皮”；另一条“捷径”是编故事赚同情，把发生在别人身上的精彩以及动人的故事“移植”到自己身上。

每每读到学生散文中为追求文采而用力过猛的语言，我常常觉得，与其空洞的华丽，不如简单的质朴。好的散文作者，的确会在语言上用心，但语言之美，绝非等同于文采藻饰。即便是散文大师朱自清，其《荷塘月色》的第四至第六自然段因为一连用了十四个比喻，也被余光中先生批为“俗滥”“轻易”“草率”。可见，追求文采要有度。散文语言的打磨，除了积累，离不开思想的磨刀石。离开这二者，纯粹作雕章琢句的文字游戏，对散文写作来说往往会适得其反。

而不顾真实的底线去编造或“移植”他人虚假的故事，则更不足取。

然而，既要不藻饰、不虚构，又要好看、动人，这样的叙事散文应该怎么写呢？

下面一则教学案例，在探讨叙事散文的写作方面，有许多可供玩味和深思的地方。

实 验

你用什么打动我

在教学前一周，我让学生用一节课的时间，以“熟悉的地方也有美丽的风景”为题写一篇作文。为避免我的评判可能存在的偏见与思维定式，我请了一位报社总编和一位大学中文系教授帮我做了简单的筛选，从学生习作中选出几篇能打动他们的好文章。在课堂上，我将学生的作文随意分发下去，人手一篇。我想看看，究竟什么样的文章在学生眼里是动人的？为什么它们能打动人？

这节课教学的对象是初三学生，话题从“如何写好考场作文”切入。教学分为以下三个环节：

（1）讨论：你用什么来打动我。

（2）分析：什么样的文章能打动人。

（3）演练：选题构思。

策 略

之所以选择赵群筠老师的这个课例，是因为我一开始就被她布置的作文题“熟悉的地方也有美丽的风景”所吸引，这个题目契合了叙事散文的文体特质。

叙事散文有哪些文体特质呢？概括起来，有以下几点：

（1）叙事散文一般讲述发生在作者身上的真实故事。（真实）

（2）叙事散文通常以日常生活为素材。（日常）

（3）叙事散文通过叙事传递作者微观而感性的内心体验与感受。（内心体验）

（4）叙事散文的写作目的在于分享与交流。（分享）

上述案例中的一句话，已经道出了叙事散文的文体特质，那就是“用一种审美的眼光，在我们熟悉的人和事当中挖掘出美丽的风景”。

赵老师的课例吸引我的还有她提出的问题：你用什么打动我？真实？显然不够。真实是叙事散文写作的起码要求，是散文写作必须恪守的底线。真实是好散文的普遍性，却不是打动读者的特殊性。

从文体特质来看，叙事散文是以日常生活为素材的，阅读散文，就是在消费日常生活。但是，普通人的日常生活往往不太具有言说和消费的价值，大多数学生的生活更是如此：上学、回家、写作业、睡觉……单调的循环，每天如此。生活本身就是一笔流水账，你拿什么去打动读者？

在课堂上，赵群筠老师带着学生进行写作后的讨论与反思，她让学生循着自己的感觉不断地追问：自己有没有被打动？为什么被打动？为什么没被打动？从习作读出感觉，再从感觉导出知识，而不是直接进行知识的灌输。这样的教学方式，学生感觉很放松、很舒服。但是，在叙事散文写作技巧的点拨上，她将策略仅仅归结为“细节描写与心理描写”、独特的“选材、结构、立意、语言、表达、情感”以及内容的“朴实、简单”，显然过于空泛和粗疏，有必要进一步细化。

策略一：选材要脱熟

每一篇叙事散文或多或少都像一篇自传，我们阅读散文，就像是在围观他人的生活。从读者的阅读心理来说，真实的未必就是好看的，日常的更容易导致无聊和无趣。因此，叙事散文的选材，首要原则是脱熟。

上述案例中，有一位学生的作文打动了我。作者写他和奶奶回老家看望一位生病的老乡，老乡拉着奶奶聊起了家常。

许久，我走进老屋。谈话还没结束，奶奶流露出要走的意思，而那位老乡却一直津津乐道。毕竟她生病了，也少有人来探望，可以理解，但奶奶顾及我，把话题转向了结束，而那位老乡却坐立不安，不时朝后院看看，言语中也有挽留的意思。就在我们即将告辞时，她终于解释道："后院的鸡下了九个蛋，马上就下第十个了，你们来看望我，我一定得表示感谢，十全十美是个祝福，务必等收下十个鸡蛋再走。"于是奶奶又和她聊了起来。没多久，奶奶接下老乡从后院提上来的一篮鸡蛋，是九个，而我接过另一个热乎乎的鸡蛋。我们感动之余，告辞离去。（陈策）

这段文字，没有漂亮的辞藻，没有浓烈的抒情，甚至叙述还有点儿瑕疵，如"津津乐道"这个成语就使用不当，但是，在四十多篇学生习作中，它最打动我，因为"等十个鸡蛋"的故事较为独特，老乡答谢奶奶的礼物不是事先准备好的，而是要等着母鸡"现场制作"出来，可见乡下人生活的困窘。而正因为生活的困窘，才衬出用十个鸡蛋答谢背后乡情的真挚与朴素。作者的叙述也十分有趣，如读到"奶奶接下老乡从后院提上来的一篮鸡蛋，是九个"时，读者心里会一惊：怎么是九个？可下面马上接了一句"而我接过另一个热乎乎的鸡蛋"，原来刚出窝的第十个鸡蛋在"我"的手心里。叙述的味道便在这"9+1"的波折中蔓延开来。整篇文章，语言、结构、立意都很普通，但是，一个具有陌生感的故事点亮了全文，可见材料脱熟的重要性。

脱熟的方法有二。第一种方法是探奇览胜，也就是我们通常所说的选材独特。何为独特？独特即稀缺、个别、反常、特殊。比如，写暑假生活、荒岛求生或马拉松比赛，肯定要比写一般的旅游或美食更吸引人。读者阅读此类文章，就像一个“陌生的闯入者一样”，在他人的生活中“生活”，新鲜而刺激。但是，独特的生活可遇不可求，如果缺乏这类素材，怎么办？这就转入第二种方法——洞幽发微，视角独特。在熟悉的日常生活中，看见别人忽略的，或看得比别人更细微。在本案例中，沈心悦同学的文章用的就是第二种方法。

刚上初中时，上学路过的桥边有几棵树，叶子颜色很深，不引人注目。有一天却突然开满了桃花，全都是艳艳的红色，花瓣繁复，层层叠叠，风一吹过，像下了场红色的大雪一样，纷纷地落了满地。花摆出天真烂漫的姿态，又妖娆得很，春天就在这深红浅红里被点燃了。我经过时非常惊喜。一片两片花瓣随水慢慢飘开，我看了很久，心里很安静。

路边的一棵桃花，普通人看见的只是花开满树，但沈心悦同学却看见了“花瓣繁复，层层叠叠”，看见的是一树“红色的大雪”，还看出了花的“天真烂漫”“妖娆得很”，这是一种多么有情的目光，这是一颗多么细腻的心！

如何把学生练成生活的“审美捕手”？是向外探奇，去挖掘稀缺性的生活素材，还是向内寻幽，用一双“审美眼”为生活上色？对中学生来说，哪一种脱熟的方法更值得借鉴？我想读者应该已经有了答案。

策略二：细节要动态化

没有描写的叙事不是好的叙事，没有细节的描写不是好的描写。细节是叙事散文的基本单位。作者对生活的感受与体验必须诉诸有表现力的细节。没有细节，光顾着打磨语言，抒情就会变成装腔作势的矫情。比如以下这篇散文，文字虽美，但在学生选出的12篇打动人的文章中却没有它。

每一次匆匆走过，头也不抬，任凭景色在身后流过，一如心中绽出的想法。而时间也从不偷懒，在你匆匆走过的时候，它升上了绿叶的脉络，打开那丰富的矿藏。风来了，绿叶沙沙作响，浓荫越发翠绿，而你什么都没注意到。它又挥舞着画笔，在树上刻下一道又一道的年轮。树越发高大，越发挺拔，越发沉默，而你还是幻想着陌生的风景，不为身边任何一切停下脚步。时间又在阳光里升腾，它遇上了三月的烟云，蓝天上它飘啊飘，云丝织成了一匹匹烟霞，而你低头匆匆走过。时间侵蚀着你所熟悉的一切，你竟毫无察觉。(《熟悉的地方也有美丽的风景》)

在本案例中，学生多次提到，他们被好的细节描写打动了。可是什么样的细节描写才是好的描写呢？典型、具体、生动？都没错。但三者孰轻孰重？如何具体，如何生动，在本案例中并未作深入讨论。我觉得，细节描写最关键的技巧是动态化。一段细节描写，只有帮助读者调动各种感觉，如见如闻，鲜活再现，才能拨动读者的心弦。要做到这些，就必须：

1．动词要具体，不要抽象

在上述课例中，当学生读到以下片段的时候，全班同学都笑了。

从你我已经度过、正在度过、然而将来所剩无几的日子中，抽取一个极小的片段：学霸们在黑板上用粉笔演绎着数学世界，值日生无奈地在一旁等待；某个角落里传出一声饼干包装袋的轻响，“呼啦”一下，周围就聚满了像是从地底下冒出的人；老师在讲台上侃侃而谈，我们或是聚精会神或是豁然开朗或是目光呆滞；你我一起因一个故事泪流满面，一起因一次奋斗忘情呐喊……我们个性鲜明，却又无比契合。（俞玥）

赵群筠老师让学生解释笑的原因，学生说“这些都是我们生活中每天都在重复的片段”“非常温馨”。这里道出了细节描写的一个技巧，那就是要精选具有典型性的、能唤起读者共鸣的场景，这是散文细节富有美学意蕴的条件之一。龙应台的《目送》之所以感人，也是因为她笔下的六个目送的场景。无论是校门口、机场、高楼，还是单位门口、医院、火葬场，普天下的母子父女之间，谁不曾经历过这一次次目送之间的“渐行渐远”的寂寞与无奈？

俞玥同学在这个片段中写了五个细节，其中最打动人、最闪光的是第二个细节——抢饼干。原因何在？相比其他四个细节，“抢饼干”的细节是场景的定格、放大，仿佛一个特写镜头被推到读者眼前。而在这里实现细节定格、放大功效的，是动词，而且是具体的动词。在五个细节中，第二个细节用到的动词最多，有“传出”“聚满”“冒出”三个具体的动词，而其他几处细节描写，要么动词少，要么动词不够具体，如“演绎”“侃侃而谈”“豁然开朗”等。

叙事散文的语言技巧之一，是善用简单、具体、精准的动词。简单，就是去雕饰，自然；具体，就是形象可感；精准，就是生动地再现和恰如其分地传情。

萧红在《回忆鲁迅先生》中这样描写鲁迅夜间写作后睡下的情景：

鲁迅先生刚一睡下，太阳就高起来了。太阳照着隔院子的人家，明亮亮的；照着鲁迅先生花园的夹竹桃，明亮亮的。

鲁迅先生的书桌整整齐齐的，写好的文章压在书下边，毛笔在烧瓷的小龟背上站着。

一双拖鞋停在床下，鲁迅先生在枕头边睡着了。

在这段描写中，有两个动词闪闪发光，散发着动人的美学光泽，一个是毛笔“站着”，另一个是拖鞋“停”着。萧红刻意用了语言陌生化的技巧，放弃“搁”“放”这类熟词，而使用上面这两个动词，巧妙地暗示了鲁迅以笔为生、似乎永不停歇的写作状态，多少忙碌、多少匆匆，全在这两个动词之中。

马克·吐温曾说：“正确用词和几乎正确用词的差别，就好像闪电和萤火虫的差别。”散文写作，应该提倡学生多用动词，多用简单、具体、精准的动词，从而打造叙事散文中富有质感与亮色的语言颗粒。

2. 细节要铺陈，不要概括

龙应台的散文《目送》中有这样一段文字：

十六岁，他到美国做交换生一年。我送他到机场。告别时，照例拥抱，我的头只能贴到他的胸口，好像抱住了长颈鹿的脚。他很明显地在勉强忍受母亲的深情。

他在长长的行列里，等候护照检验；我就站在外面，用眼睛跟着他的背影一寸一寸往前挪。终于轮到他，在海关窗口停留片刻，然后拿回护照，闪入一扇门，倏忽不见。

我一直在等候，等候他消失前的回头一瞥。但是他没有，一次都没有。

细节的特点在于“细”。细节怎么变细？一个重要的奥秘就是：要铺陈，不要概括。

“我的头只能贴到他的胸口，好像抱住了长颈鹿的脚”，在这里，作者用幽默、调侃的语气，轻松诙谐地道出了母子的身高差。这是一个极富深意的细节：身高的落差伴之以母子情感的落差。送别时，母亲的目光是“一寸一寸往前挪”，而儿子却倏忽一下“闪”了；母亲是一直凝望等候，儿子却头也不回地绝尘远去。比喻、对比，以及一系列不加任何藻饰的干净的动词，铺陈了一个情绪饱满的细节，成就了《目送》中令人难忘的一幕。

铺陈细节的奥秘，一是动词要具体丰富；二是要定格瞬间，用尽可能多的文字写尽可能短的瞬间；三是要适当运用一些延时或修饰技巧，比如，比喻、蒙太奇等；四是要适当穿插心理描写。教师可以专门针对细节铺陈设计相应的练习，如描写足球运动员踢最后一个点球的刹那，要求写满 500 个字，并限定动词和形容词的数量，动词多一些，形容词少一些。

我们再回到前面俞玥同学写的片段。“老师在讲台上侃侃而谈，我们或是聚精会神或是豁然开朗或是目光呆滞；你我一起因一个故事泪流满面，一起因一次奋斗忘情呐喊”，这三处细节描写的语言模式值得我们注意，它折射了大多数学生细节描写不细的症结 —— 以泛指（如“老师”）、概括（“我们或是聚精会神或是豁然开朗”）、推理（“你我一起因一个故事泪流满面”）代替了具体、描述、感受、对照、罗列等细节铺陈法。

策略三：抒情要有节制

叙事散文通过对事件的叙述来传达作者对生活的微妙感受与领悟，每一篇散文都有其言说的主旨。而现代美学却强调作者在文章中要隐藏自己的主观感受，那么，散文该如何精准地传递情感呢？我以为，总的要领是要有节制，不要滥情。

1. 感受点到为止

朱自清在《背影》中写父亲爬月台的细节，其中就有内心感受点到为止的抒发。

我看见他戴着黑布小帽，穿着黑布大马褂，深青布棉袍，蹒跚地走到铁道边，慢慢探身下去，尚不大难。可是他穿过铁道，要爬上那边月台，就不容易了。他用两手攀着上面，两脚再向上缩；他肥胖的身子向左微倾，显出努力的样子，这时我看见他的背影，我的泪很快地流下来了。我赶紧拭干了泪。怕他看见，也怕别人看见。

在这段文字中，“我的泪很快地流下来了”就是内心感受的点染。看到父亲的背影，为什么眼泪很快地流下来，又为什么怕父亲看见、怕别人看见？抒情戛然而止，但这泪水却晕染了细节描写，使其闪烁着情感的光泽。类似叙事中的情感点染，在中学语文教材的散文名篇中还可以找到很多，比如《从百草园到三味书屋》的过渡段“我将不能常到百草园了。Ade，我的蟋蟀们！ Ade，我的覆盆子和木莲们！”可见，叙事散文可以用“叙事 + 抒情”这样的组合拳来增加文章的感染力，前提是抒情一定要有节制。

2. 修辞曲折传情

散文中的情感，除了点到为止的直抒胸臆外，还可以通过修辞曲折巧妙地传达。

张爱玲在《公寓生活记趣》中这样描写电车回厂：

一辆衔接一辆，像排了队的小孩，嘈杂，叫嚣，愉快地打着哑嗓子的铃：“克林，克赖，克赖，克赖！”吵闹之中又带着一点由疲乏而生的驯服，是快上床的孩子，等着母亲来刷洗他们。

把电车比作排队的小孩、快上床的小孩，这样的比喻妥帖、生动，从中更能看出张爱玲对电车的喜欢，也难怪她说：“比我较有诗意的人在枕上听松涛、听海啸，我是非得听见电车响才睡得着觉的。”

在范玉琦同学写的文章中，就有一个很好的比喻。她写自己有一天偶然抬头看见很蓝很蓝的天，心里很舒服。她是这样表达的：

每一个在午后邂逅蓝天白云的人，是灵魂脱去衣服的孩子。

这样的比喻，在情感传递上是很有张力的，每一个读者都可以根据自己对“脱去衣服的孩子”的想象和体验，来诠释、填充那种“邂逅蓝天”的心情。

许多学生在散文写作中也很重视修辞，但是他们似乎忘了，修辞的目的不是为了润饰语言，而是为了传递情感。好的修辞，不在于多，也不在于新，而在于它与作者情感的关联性与一致性。好的修辞，总会曲折巧妙地通向作者的情感，就像魏巍写《我的老师》，老师嘴角边有一块“榆钱大小”的黑痣，为什么不用指甲盖、西瓜子或者纽扣之类的东西作比较？因为“榆钱”可爱、可亲、可近甚至可食用，这个参照物透着魏巍对老师的爱。

3. 白描，只是白描

还有一种叙述也许更为高明，我们称之为白描 —— 只是简洁地勾勒出事件本身，不加修辞，不刻意流露感受，用事实本身打动读者。请看萧红《回忆鲁迅先生》中的一段文字。

海婴每晚临睡时必向爸爸妈妈说：“明朝会！”

有一天他站在上三楼去的楼梯口上喊着：

“爸爸，明朝会！”

鲁迅先生那时正病的沉重，喉咙里边似乎有痰，那回答的声音很小，海婴没有听到，于是他又喊：

“爸爸，明朝会！”他等一等，听不到回答的声音，他就大声地连串地喊起来：

“爸爸，明朝会，爸爸，明朝会，……爸爸，明朝会……”

他的保姆在前边往楼上拖他，说是爸爸睡了，不要喊了。可是他怎么能够听呢，仍旧喊。

这时鲁迅先生说“明朝会”，还没有说出来喉咙里边就象有东西在那里堵塞着，声音无论如何放不大。到后来，鲁迅先生挣扎着把头抬起来才很大声地说出：

“明朝会，明朝会。”

说完了就咳嗽起来。

许先生被惊动得从楼下跑来了，不住地训斥着海婴。

海婴一边哭着一边上楼去了，嘴里唠叨着：

“爸爸是个聋人哪！”

这段文字，钱理群和孙绍振不约而同地认为是萧红这篇琐忆中最感人的片段。

就文字来看，水洗一般，朴实无华，每个动词前面几乎都没有修饰，如喊、哭、跑、咳嗽、唠叨，简单极了。真正直击人心的是细节，海婴对父亲的病情毫不知情，连声呼唤“明朝会”，鲁迅伴着咳嗽勉力大声地回答“明朝会”，儿子无邪的呼唤和父亲爱的倾力回应，这一组事件本身就极具震撼力。

萧红是聪明的，在这样的事件面前，她那干净的语言像一块衬托的布，决不喧宾夺主。

叙事散文的写作策略还有很多，比如，顺叙和倒叙的技巧、结构与组织的技巧等。以上几点策略，仅是围绕“你用什么打动我”来展开，也算是对本案例标题的一个回答。

（叶黎明，教育学博士，杭州师范大学人文学院副教授）

7.

亲爱的，我希望你快乐

这节语文课，除了教给孩子们怎么去读一首诗以外，更想让他们知道怎么对待诗歌。一个人对待诗歌的态度，可以说就是他对待生活的态度。

还有，我希望他们能快乐。

《你不快乐的每一天都不是你的》课堂实录

时　　间 / 2016 年 6 月
地　　点 / 浙江省杭州市文晖中学
实录整理 / 浙江省杭州市文晖中学　朱兴祥

/ 前记 /

这是 2016 年初夏的一个上午，一场主题为“第五届大运河国际诗歌节之最美相遇 —— 与著名特级教师和著名翻译家一起学习诗歌”的活动，很应景地在古新河畔的文晖中学与杭城爱好诗歌的师生们美好相遇了。

活动的重磅嘉宾之一、时任杭州市拱墅区教育局副局长的著名特级教师赵群筠，将与来自澳门大学葡文系的翻译家、诗人姚风老师，共同执教葡萄牙诗人费尔南多·佩索阿的《你不快乐的每一天都不是你的》（姚风译）一诗。细腻、智慧而有情怀的赵群筠老师会如何与学生来一场美丽的诗会？译者姚风老师会如何以诗人的视角教孩子们读诗、走进诗意的世界？作为“大运河国际诗歌节”的创办人，诗人、作家舒羽女士又会如何看待这一活动？

而此刻，文晖中学初二（7）班的同学们，领到了三个关于诗歌的预习问题 ——

（1）你喜欢读诗吗？不管喜欢与否，请说明理由。

（2）你是如何去读懂一首诗的？

（3）请联系上下文，把这首有空缺的诗歌填写完整：

你不快乐的每一天都不是你的：你只是虚度了它。无论你怎么活，只要不快乐，你就没有生活过。

________________，假如足以令你愉悦，那么________________，________________，或者________________，便也________________。

幸福的人，是他从微小的事物中汲取到快乐，每一天都不拒绝自然的馈赠！

这些问题可没有现成的答案，得好好地思考一下。教室里一开始满是东张西望，渐渐地，大家开始低头在纸上写下自己对诗歌的期盼。

诗是一种很有韵味的东西，也许它很短，但表达的情感却不亚于千字文章。作者把自己所有的人生阅历与所思所想，都凝聚在了诗中。

——初二（7）班陈伟

喜欢诗，它的每一个字都意味深长。我很享受遐想和揣摩诗人的情感，在脑海中描绘画面，想象这是个怎样的故事的过程。

——初二（7）班凌可暄

因为喜欢诗，才会憧憬诗中充溢着的欢愉和优雅的惆怅，才会在其中找到自己生活中的影子。

——初二（7）班李广睿

好吧，孩子们，名诗、名师、名诗人，已经跨越大半个中国来到了你们的面前。

/ 第一幕 /　与诗人比诗——唤醒诗心，走近诗歌

师：我认真检查了同学们的作业，发现一些非常有意思的答案，我们现在来分享一些。

你不快乐的每一天都不是你的：你只是虚度了它。无论你怎么活，只要不快乐，你就没有生活过。

触摸清晨的一缕阳光，假如足以令你愉悦，那么即使阴雨连绵，雪子纷飞，或者鸟儿都不歌唱，便也无足轻重。

幸福的人，是他从微小的事物中汲取到快乐，每一天都不拒绝自然的馈赠！

师：这是谁写的？能讲讲你当时是怎么写出这些意象的吗？（一生举手）你先把整首诗读一遍，记得把自己填写的那块儿加进去。（生读诗）

师：我发现你读诗人的句子很流畅，读自己的句子还有点儿胆怯。你要有信心，读自己的诗声音要更加响亮，因为这是你的思想！请给我们解释一下，你为什么这样写？

生：这首诗提到"自然的馈赠"，我就想到了风和雪。

师：哦，你是根据"自然的馈赠"来填这里的几个意象。"触摸清晨的一缕阳光"是用来对应馈赠这个词的，对吗？那么你是怎么想到后面三个意象的呢？

生：阳光代表着希望，雨、雪和阳光形成了对比。

师：好的，我们来看第二个同学的。

你不快乐的每一天都不是你的：你只是虚度了它。无论你怎么活，只要不快乐，你就没有生活过。

潺潺溪流中一颗小石子的载歌载舞，假如足以令你愉悦，那么金子，钻石，或者珍珠，便也无足轻重。

幸福的人，是他从微小的事物中汲取到快乐，每一天都不拒绝自然的馈赠！

师：你写得很棒！给大家讲讲你为什么会写这样的诗句。

生：我一开始从“自然的馈赠”中想到了一句诗，好像是“令鹅卵石趋于完美的，不是锤的打击，而是水的载歌载舞。”

师：然后你就把这当中最精彩的四个字“载歌载舞”附在了你的诗句中？那下面这三个意象又代表什么？

生：都代表珍贵的财富，而载歌载舞的小石子是自然之中微小的事物。

师：你是不是觉得小石子的载歌载舞足以令人愉悦，而后面三者都显得无足轻重？

生：是的。

师：请看第三位同学的作品，请作者起立。

> **你不快乐的每一天都不是你的：你只是虚度了它。无论你怎么活，只要不快乐，你就没有生活过。**
>
> **晨曦出现在天际，假如足以令你愉悦，那么华丽的衣服，或者精致的早餐，便也无足轻重。**
>
> **幸福的人，是他从微小的事物中汲取到快乐，每一天都不拒绝自然的馈赠！**

生：（先读了自己填写的诗句）写第一句话，是因为我看过一本书，题目叫“精神明亮的人”，写福楼拜每天早上都会按时看日出。看日出会让人感觉到心灵受到了洗礼，会让我们平常觉得快乐、觉得虚荣的事物都变得无足轻重。

师：你是不是觉得衣服的华美是短暂的，而晨曦是永恒的？

生：是的，每一天的晨曦都是新的开始，就像小说《飘》里面斯嘉丽说的，“明天又是一个新的开始”。

师：是阅读，打开了你诗意的想象！好，继续第四位同学的作品，请作者起立。

> **你不快乐的每一天都不是你的：你只是虚度了它。无论你怎么活，只要不快乐，你就没有生活过。**
>
> **将一粒尘埃供奉心中，假如足以令你愉悦，那么成功，事业，或者金钱，便也无足轻重。**
>
> **幸福的人，是他从微小的事物中汲取到快乐，每一天都不拒绝自然的馈赠！**

师：我注意到你有好几个答案，但你只读了其中一个，为什么？

生：因为我觉得这个答案最契合我现在的想法。诗歌是从微小的事物中感受到的一些哲理。

师：是的，你选的三个意象——尘埃、落叶、海风，都是微小的事物。你是想用它们来表达你对“自然的馈赠”的理解吗？我很想听听你这样一个年龄的人对成功、事业和金钱的看法。

生：我觉得成功、事业或者金钱都是一个人在成长过程中所汲汲追求的，但它们又总是让人感到很累、不快乐！

师：我觉得成功没有你想象的那么可怕。如果让你选择，事业、成功和一粒尘埃，你会选择什么？

生：照我现在的感觉，我会选择事业！（众生若有所思）

师：（小结）孩子们，你们的表现让老师很惊喜，也相信了“少年本身就是一首诗”的说法。这四位同学中，你最欣赏哪一位同学填的诗句？为什么？

生：我比较喜欢第一位。因为我觉得他的诗比较精简，但是后面三个意象有点儿不妥，随意了点儿。

生：我喜欢第二位同学的诗。他说一颗小石子在溪流中载歌载舞，是自然之乐，而金钱、钻石、珍珠则是一些世俗的东西，这表达了他淡泊名利的思想。

生：我选第三位。我觉得她通过一个具体的事物表达了自己的价值观。

师：你们有没有看到下面老师们那种惊叹的表情？真好，其他都是多变的，唯有自然最忠实地保留着美好，等你去发现！

有些同学在选择时有一点儿纠结，因为他们把这两组意象对立起来了。我们要注意这里的“假如”“那么”“便也”等几个词，看看它们是如何使这两组意象之间发生关联的。

生：如果能同时拥有这两组意象，那就是最完美的人生。

师：那么诗人到底想要表达什么呢？还是你来讲吧！（点名第四位填写诗句的学生）

生：我觉得从某种意义上说，人生是没有完满这种事的，有得总有失。你失去事业时，至少还能拥有朝露、尘埃这些大自然给你的馈赠，还是能得到快乐的。

师：我感觉你现在的理解比刚才要深刻、全面许多。现在老师出示一下原诗，你们将自己写的文字跟作者的原诗做个比较。

你不快乐的每一天都不是你的

你不快乐的每一天都不是你的：
你只是虚度了它。无论你怎么活，

只要不快乐，你就没有生活过。

夕阳倒映在水塘，假如足以令你愉悦，
那么爱情，美酒，或者欢笑，
便也无足轻重。

幸福的人，是他从微小的事物中
汲取到快乐，每一天都不拒绝
自然的馈赠！

（生齐读全诗）

师：跟原诗相比，你认为刚才几位同学写的有什么不同？

生：我觉得他们写的是两种不同的生活态度。原诗作者的态度是，我有了一个东西，我可以没有其他的，但如果有了就更好；而我们这些同学写的却是，我只能拥有一个东西，剩下的必须抛弃掉。（笑声）

生：我认为我们跟诗人的理解是一致的。夕阳倒映在水塘，这是微小的事物，是自然的馈赠。不管贫穷、富贵，不管身在何处，你都可以随时随地找到这样的快乐。但是爱情、美酒，或者欢笑，这些不是每一天都会有的，有了最好，没有也不要紧。所以人生没有什么可怕的！（掌声）

生：从写法上看，作者用词要比我们高明很多，毕竟他是大诗人，而我们还是中学生。（生笑）

生：第一句“夕阳倒映在水塘”，可能诗人的书房外面就有一个水塘，他一抬头就能看到，觉得很美好。如果此刻要我来写，我可能会写“灯光照着大报告厅”。后面诗人又说“爱情、美酒”等都可以无足轻重，我猜想他

正处于失恋状态。（生笑）

生：我认为原诗中的爱情、美酒或者欢笑，就像《爱莲说》中的“牡丹之爱”，是大众认为能够让人觉得快乐的东西。“夕阳倒映在水塘，假如足以令你愉悦”，就像周敦颐说的，是莲之爱，是那种超然物外的快乐。

实录者语

姚风老师说，诗其实就是词语的“意外”，赵老师的课从来都是“意外”不断而“诗意”无限。

对于外国诗的教学，我从未想到过可以抛开对作者的介绍，抛开对教材文本反反复复的朗读，抛开诗歌阅读的层层铺垫、步步推进，而如此敞亮地聚焦在诗歌某一部分的语言和意象上。我们来听听学生和老师是怎么说的——

赵老师用中国画“留白”的手法，将费尔南多的这首诗化为半成品。对我而言，这是一种极为有效的学习诗歌的方法。为了尽善尽美地填补这些空白，我会更用心地去阅读和理解上下文。

——浙江省杭州市文晖中学初二（7）班　章君昊

诗歌最有意义和最有异议的内容就在字里行间，我们需要带上个人的“行囊”（兴趣和阅历），在字里行间还原现场，触摸作者的语言，从而达到自我品位的提升。

——浙江省杭州市文晖中学　江建红

清晨的一缕阳光、溪流中小石子的载歌载舞、童年记忆里美好的棉花糖、一粒小小的尘埃……当孩子们从自己的生命体验出发，对诗歌产生了情感上的共鸣后，教师才带领他们真正开始进入诗歌文本。通过虚词（“假如”“那么”“便也”）去分析“夕阳倒映在水塘”和“爱情”“美酒”“欢笑”这些意象，则更让人明白，幸福是随处可见、有迹可循的。

——浙江省杭州市下城区教师教育学院　金玲

/第二幕/　诗人与诗人的碰撞——思辨诗歌表达，激活诗歌读解

师：下面我们再来做个对比阅读好不好？因为这首诗的作者是葡萄牙人，所以诗是被翻译过来的。这首诗是谁翻译的呢？是我们著名的翻译家姚风老师。

姚风，原名姚京明，诗人、翻译家。生于北京，后移居澳门。曾任澳门特区文化局副局长，现任教于澳门大学葡文系，曾获“柔刚诗歌奖”“两岸桂冠诗人奖”等奖项以及葡萄牙总统颁授的“军官级圣地亚哥宝剑勋章”。2015 年应邀参加美国爱荷华“国际写作计划”。爱好艺术，举办过摄影展和个人装置艺术展，是澳门文学节、中葡诗人对话等文学活动的策划者以及《中西诗歌》杂志的创办者。

师：今天，姚风老师来到了我们的现场（姚风老师在台下挥手，同学们很雀跃）。当然，因为这首诗很有名，除了姚风老师，还有很多人也翻译过这首诗。老师找了另外一个翻译版本，我们来对比阅读，大家畅所欲言。

你不喜欢的每一天不是你的 韦白　译	你不快乐的每一天都不是你的 姚风　译
你不喜欢的每一天不是你的： 你仅仅度过了它。无论你过着什么样的 没有喜悦的生活，你都没有生活。 你无须去爱，或者去饮酒或者微笑。 阳光倒映在水坑里 就足够了，如果它令你愉悦。 幸福的人，把他们的欢乐 放在微小的事物里，永远也不会剥夺 属于每一天的、天然的财富。	你不快乐的每一天都不是你的： 你只是虚度了它。无论你怎么活， 只要不快乐，你就没有生活过。 夕阳倒映在水塘，假如足以令你愉悦 那么爱情，美酒，或者欢笑 便也无足轻重。 幸福的人，是他从微小的事物中 汲取到快乐，每一天都不拒绝 自然的馈赠！

（生自由朗读）

师：谁先来说说？

生：韦白的译文是说“无须去爱，或者去饮酒或者微笑”，姚风翻译的则是爱情“无足轻重”。“无须”是完全不需要，“无足轻重”是可要可不要。

生：我觉得姚风老师翻译得比较好，因为“夕阳倒映在水塘里”明显要比韦白说的“阳光倒映在水坑里”好。（笑声）

生：“你不喜欢的每一天”和“你不快乐的每一天”应该是两种不一样的表达。如果你不喜欢某一天，你仍有可能在这一天得到快乐；但如果你在某一天不快乐，你的这一天就虚度了。

师：就是说，喜欢和快乐是两种不一样的人生感受。

生：我觉得不能绝对地说哪个好哪个不好，但我个人还是喜欢韦白翻译的。他说“阳光倒映在水坑”，他把一幅画浓缩到了一个小小的水坑，享受这个小水坑就是享受这一片阳光。他说“你无须去爱，或者去饮酒或者微笑”，说明你可以有自己的选择，去放弃爱，去饮酒去微笑，这体现了生活的洒脱。

师：同学们，我把这两个翻译的版本放在一起让大家讨论思考，目的是什么？我想教会你们什么？

生：对同一首诗，每个人的理解是不一样的。

师：我很喜欢大家的坦诚和直率，相信姚风叔叔也会喜爱大家初生牛犊不怕虎的精神。是的，每一个读者对诗歌的感觉是不一样的，早上读和晚上读的效果也会不一样。等到以后你们自己能读懂原著的时候，你们会更加理解今天这节课的意义。保持自己独立的思考很重要。

实录者语

无论是第一环节的学生与诗人比诗，还是这一环节对不同译文的比照阅读，赵老师都为孩子们提供了一个又一个走进诗歌的切入口。没有刻意的讲解，只有耐心的倾听与鼓励。在师生轻松的对话中，属于这首诗的感动与深刻、精致与匠心、空白与悠远，都被一点点儿地发掘出来了。

/ 第三幕 /　读出诗意人生的态度——主动汲取与不拒绝馈赠

师：接下去我们讨论下面这个话题——

你觉得一首诗足以影响你的人生吗?

生：我觉得一首诗足以影响人生。因为一个人阅读的深度和宽度会决定他的思想。一首诗对人的影响可大可小。

生：我个人觉得，我的人生不会被一首诗影响。因为我向来理性，不会被诗歌中一些过于细节的东西影响到。

师：你是不是数学比较好?（笑声）他平时在班里是个怎样的男生?（生：文科比较好。）

师：文科比较好，又不喜欢诗歌?那你喜欢什么样的文风?最喜欢哪个作家?

生：我喜欢犀利一点儿的文风，像鲁迅写的那些文章。

师：很多男生喜欢鲁迅，老师也很喜欢他的作品。其实，作家的思想都是很丰富的，只不过表现手法不一样。有时间可以读读鲁迅写的诗，也可以读读姚风叔叔写的诗。现在我们回到这首诗。我在读这首诗的时候，想起了另外一些人一些事，甚至是一些音乐和电影。你呢，你有吗?

你觉得一首诗足以影响你的人生吗?

它还能让你想起什么?

（生有感情地朗诵诗句）

生：我觉得读完这首诗后，我可能会去注意夕阳倒映在水塘中的景象，会去享受这种景象带来的快乐。

师：那我能不能请你回想一下，这个星期有没有一些细小的事情让你感觉到很快乐？

生：放学后，因为下过雨，看到学校菜园里的蔬菜和小草都绿油油的，很鲜亮，还带着一些小水珠，当时觉得很快乐。

师：你注意到了绿油油的蔬菜和绿油油的小草，这是充满生机的美好。

生：诗人说，你不快乐的每一天都不是你的，我是不是可以这么理解：过了很多年之后，如果你还在重复每天的生活，不知道自己做了什么，不知道有哪些事情值得回想，那么，这样的日子就算很忙碌，也是很空虚的。

师：同感，就像我，如果遇到不快乐的事情，我会马上想起“你不快乐的每一天都不是你的”，会尽量让自己快乐起来。我想这个习惯会一直延续下去。可是，到底什么是快乐？

什么是快乐？

生：有棉花糖吃。

生：跟爸妈在一起。

生：看非常好看的电影。

生：通过努力得到自己想要的结果。

生：交到一个好朋友，每天都可以在一起。

师：我很开心能分享到大家的快乐。刚才有位同学说，通过努力得到自己想要的结果，这个过程或许有些痛苦，可最后还是会让人觉得很快乐。我想跟大家分享这样一段话：

什么是幸福？

幸福是指人之所以为人的真理与自己同在时的心理状态，包括一切真实的事物、人性的道理、他人的生命甚至动物的生命与自己同在等等，是一种心理欲望得到满足时的状态。

——马克思

师：这句话是马克思说的，很有哲理，大家现在可能还很难理解。没关系，我们可以在今后的生活中去慢慢咀嚼。

幸福的人，是他从微小的事物中
汲取到快乐，每一天都不拒绝
自然的馈赠！

师：姚风老师的译文中，有两个词特别值得我们关注："汲取"和"不拒绝"。这两个词有什么不同？

生：汲取，就是努力去获取；拒绝，就是本来可以得到，但拒不接受。

生：我觉得汲取是主动的。自然的馈赠一直都存在，只要你善于发现，只要你喜欢，你都可以享受到它。

师：就是说汲取是一种努力，你要努力去寻找生活中的一些微小事物，是吗？

生：是的，汲取就是主动地去寻找快乐。

/第四幕/ 当诗歌邂逅生活

师：一首诗会让我们想起一些人，或者一些作品。我第一次读这首诗时，就想到了一个人。你们知道这个人是谁吗？我们来看一下他的画和他为这些画写的诗（出示老树的诗画）。

两根炸油条，几个茶叶蛋，一碗小馄饨，好好吃早饭。

枝头一群小鸟，叽叽喳喳争吵。问题非常急迫：晚饭吃啥才好？

近来感觉很累，就想蒙头大睡，电话提示语音：此人停机欠费。

春天里的花，夏日里的花，秋风里的花，开不过心中的花。

夜半抽册残书，翻翻上古诗句。肥猫不解风情，竟然呼呼睡去。

天气晴朗，午饭挺棒。在这无人的路上，我看看自己的影子，企图找到回去的方向。

江海浩荡，天地苍茫。有花静开，山高水长。

犹记当时离别，送一个本子，贴一张照片，写几句赠言，想来三十多年前。如今翻开旧物，看当时说的，笔迹虽浅淡，却是如初见，一点儿都没变，是你如花的容颜。

师：这些都是生活当中微小的事物，但它们却成了诗。（配乐播放 PPT）

> **幸福的人，是他从微小的事物中**
> **汲取到快乐，每一天都不拒绝**
> **自然的馈赠！**

师：当然，有着同样意境的，还有其他一些作家的书。坐在下面的杭州师范大学的叶黎明老师，她一开始就想到了另一本书——

> **《瓦尔登湖》**

师：你们有没有看过这本书？

生：我在书店里看到过。

师：当时你觉得这本书可能会写什么？

生：我觉得是写景或者游记。

> **《瓦尔登湖》记录了美国作家梭罗在两年多时间里的日常生活状态以及所思所想。他在湖畔的小木屋旁开荒种地，春种秋收，自给自足。他是一个自然之子，他崇尚自然，与自然交朋友，与湖水、森林和飞鸟对话，在林中观察动物和植物，在船上吹笛，在湖边钓鱼，晚上，在小木屋中记下自己的观察和思考。**

师：这本书记录的是作家在湖边生活的感受。所以我觉得很多作品其实是相通的。我们可以把我们读过的诗句啊、书啊，通过生活联系在一起，然后慢慢地让自己成为一个内心丰富的人，一个有独特思想的人。

你是如何去读懂一首诗的？

师：这是课前我给大家布置的预习作业，我们来分享几位同学的观点。

1. **从别人的视角重新审视人生。**
2. **读懂诗人的情感，唤起自己的共鸣。**
3. **读诗最重要的是相信，相信诗人的真诚。**

师：我特别赞成第三位同学的观点，不管你喜不喜欢这首诗，你都要相信诗人是带着真诚的心来写这首诗的。现在我们就带着这种理解，把这首诗重新读一遍。（生在音乐背景中朗诵诗歌）

师：有同学问我，诗人在写这首诗的时候快乐吗？他是在什么情况下写下这首诗的？我们来了解一下诗人。

费尔南多·佩索阿

1888 年 6 月出生于葡萄牙里斯本。

1893 年 1 月，弟弟约尔智出生。7 月 13 日父亲因病去世。家境贫困，不得不典当部分家产。

1894 年，弟弟去世。

1896 年，母亲再嫁。佩索阿辗转南非，跟继父一起生活。

1935 年 11 月 29 日，佩索阿肝病严重恶化，被送进医院。他在一张小纸片上写下了最后一句话："我不知道明天将会带来什么。"第二天去世，终年 47 岁。

…………

师：佩索阿一生坎坷，而且活的时间也不长，在常人看来应该是不快乐的。那么他想用这首诗告诉我们什么呢？

生：因为他很少得到快乐，所以内心非常渴望快乐。

生：他过得不幸福，所以希望诗歌的读者能幸福。

生：他或许没有得到过常人眼中的快乐，但我相信他一定有过快乐的时光，所以才写出了不朽的诗篇。

师：看来你是诗人的知音，那就由你来朗读诗人另外的诗篇吧！

轻轻地诉说，因为这是生活，
这是生活和我对生活的意识，
因为夜晚继续前行，我累了，我睡不着，
而如果我走到窗前
我看到，在那野兽的眼皮下，
有无数星星的巢穴……
我消磨了白昼，希望能在夜晚安睡。

——费尔南多 · 佩索阿《轻轻地诉说，因为这是生活》（节选）

（生深情地朗读）

师：最后我请大家欣赏佩索阿的代表作《牧羊人》组诗中的第二首（节选）。（播放“为你读诗”音频文件）

我的凝视清澈如一朵向日葵。
我走路的习惯是
左右张望
有时望望身后，
而我在每一个瞬间看见的
是我以前从未看见过的，
我非常擅长打量事物。
我能够感受到一个新生儿可能感受到
同样的惊奇
如果他注意到他真正且确实已经出生。
我在每一个瞬间感受到我刚刚出生
走进一个全新的世界……

师：今天这节课就上到这里。亲爱的同学们，希望你们快乐！

/ 结语 /

赵老师的课堂，总带有这样的情怀：她所教的，不只是一篇文章、一首诗，她会去激活学生的生活体验，会给学生带去生活的引领。你看不到她在课堂内直白地传授给学生读诗的技巧，也听不到她对诗歌主题的分析，但你又分明在学生一次次的回答中，感觉到他们的心境在悄悄发生变化。潜滋暗长的是生命中那些不易察觉的情绪，很细微，但很真实。

诗歌的课堂，就是教师通过各种方式与学生一起不断地走进诗歌，去亲近语言，去发现内涵，去丰富读解的课堂。赵老师说，一个人对待诗歌的态度，可以说就是他对待生活的态度。

和孩子们聊聊诗歌

/ 赵群筠　姚风　舒羽

赵群筠：今天的活动其实是一次“相聚”。有跟上课的孩子们的相聚，有跟姚风老师的相聚，有跟舒羽老师的相聚，也有跟其他在场老师的相聚。我今天很开心，我的好多朋友都来了。大家放下手头工作，挤过周一的早高峰，跨过大半个城市，本着对诗歌的热爱，对朋友的珍惜，在这里相聚。

我在读中学的时候，和五个同学组建了一个文学社，还跑到校长办公室争取到了 500 元的筹备资金 —— 这是我们筹到的第一笔巨款，然后办了一份校内杂志。这个文学社，一直到现在还在我的母校存在着。所以我觉得任何相聚，都源于一种共同的热爱。

课前，我在给你们布置的预习作业中问：“你们喜欢读诗吗？”有 6 个同学说不喜欢（拿出几张学生反馈单），有这么多同学说喜欢（举起一叠学生反馈单），还有 4 个同学说一般。说不喜欢的同学，觉得诗歌很难懂，或者没有时间读，或者觉得诗人的生活离自己有点儿远，等等。其实，我想跟你们说的是，你们现在就生活在诗里。等你们长大后，没有棉花糖了，你就会发觉诗歌的重要性。你可以不读诗，但不能没有诗意的生活。所以我的语文课，除了教给你们怎么去读一首诗以外，更想让你们知道怎么对待诗歌。

一个人对待诗歌的态度，可以说就是他对待生活的态度。

下面是自由提问时间。同学们如果有问题，可以问问我们这两位诗人，什么问题都可以。

一

姚风：刚才上课的时候，有同学提到了翻译问题，说翻译的时间不一样，翻译的结果也会不一样，我觉得他说得很好。是哪一位同学？

（一生站起来）

姚风：你刚刚看完的一本书叫什么名字？赵老师说你博览群书呢！

学生：《苦妓回忆录》。

舒羽：（抢过话筒，迫不及待）请问你是在什么样的机缘和巧合下看到它的？我也才刚刚看呢！

学生：在看完《百年孤独》之后，去语文钱老师那里请教的时候，她向我推荐了这本书。

舒羽：老师推荐，挺好的。那你觉得这本书写得怎么样？

学生：写出了一个畸形社会下……（思索）

舒羽：（追问）你觉得这里面带有诗意吗？你看过日本的浮世绘吗？

学生：看过几张。

舒羽：你有没有觉得这本书和浮世绘在思维和视觉方面有相似之处？

学生：有相似之处。在这畸形的社会里，诗意还是有的。

舒羽：打动你的、有诗意的地方是哪里？

学生：就是作者在写到痛苦的时候，偶尔也会描写一些比较舒缓的情节和景象，在压抑之中会出现一些光亮。

舒羽：我为什么会问你这些问题呢？因为我想说，诗在于理解，诗会成为理解你所面对的情感、事物以及人和人之间、读者和作品之间关系的钥匙。如果你能够从《苦妓回忆录》这样一本苦难小说中感受到诗意的话，你的真诚、你的理解力就一定在发挥作用。有时候，诗就在于呈现一种真实，如果我们能真诚地对待这种真实，那么我们的情感就是一种赤子的、真善美的情感。

二

学生：我有一个同诗歌或许没有太大关系的问题，那就是：为什么我们的期末考试或者中考、高考作文中，都会被要求“题目自拟，文体不限，诗歌除外”？考场作文为什么不能写诗歌？

姚风：我先来回答。这是因为阅卷的老师里面没有赵老师，没有人懂诗。一篇作文要求写 1000 字，你一首诗才没几行。阅卷老师如果不懂诗的话，会给你不及格。但如果赵老师在那儿，看到你这一首诗写得非常好，可能会给你一个满分。所以这也是一件非常悲哀的事情。

舒羽：我非常钦佩赵老师的原因之一，就是她敢于将诗歌这一体裁用于她的课堂教学。诗歌为什么不能成为我们考卷上的作文内容？因为诗歌是拒绝标准、崇尚自由的。这个自由，不仅仅是指躺在沙发床上、在房间里打游戏的自由，它更多的是结合了你的阅读和生活感悟，结合了你的相关思考。诗歌如果能进入考卷，那对阅卷老师的要求就必须非常高。他必须对诗的韵律、风格等有一个大致的把握，这在古代是可以做到的，所以李白、白居易都是因为诗写得好而得到了皇帝的垂青，但是在现代教育制度下，这点却很难做到。你的问题提得太好了，非常犀利。

姚风：古人在画家、诗人、书法家之间，没有一个明显的界限，往往写一首好字的，也会吟诗作画。我们现在处在一个碎片化的时代，大家一方面非常的忙碌，一方面心灵又非常的贫瘠。

三

学生：我其实是喜欢诗歌的，但比较喜欢唐诗宋词，对于现代诗，我感觉不太懂，更不用说去写了。不知姚老师作为诗人，能不能帮我们指点一下？

姚风：同学们对这首诗的解读很有诗意，所以我们其实离诗歌非常非常近，只要我们学会发现，学会唤醒。文字就是这样，你不去阅读，不去打开它，它就在沉睡的状态中；你用心去读了，它就会跟你一起呼吸，并成为你生活中的一部分。当然，大家会觉得平时学习太紧张了，没有时间去读诗，而且诗歌也不会给你带来什么。的确，读诗不能让你获得所谓的事业上的成功，不能给你带来财富，不能给你带来鱼翅或人参，但是它能给你带来美，给你带来更辽阔的世界，它可以帮你打开你身边的西湖，让它不仅是湖，还可以是大海。总之，读诗挺好的，因为它能让你变得更美！

其实写诗没有什么难的，它只是“语言的意外”。比如，刚才上课的时候，有位同学让雨下在了脸上，这就是诗。他没有让雨下在西湖里，下在马路上，下在行人身上，而是下在了一个人的脸上，这就很有诗意了。所以说，诗歌只是一个词语的意外、一个词语的嫁接而已。在诗歌里，你会发现，我们平常讲话的词、写作业的词，经过诗意的过滤后，会有一种奇妙的魅力，完全通向了另外一条非常美丽的道路。因为诗歌里的词，摆脱了我们惯常的思维模式，进行了大胆的组合。

我举一个例子。我年轻的时候，写了很多抒情味很重的诗，可到了现在这个年龄，我反而写得非常简单了。比如说，我可以把一些规律化的词语或者经常用到的谚语，改装一下，变成一首诗。我们都知道有一个俗语叫作“一朵鲜花插在牛粪上”，我写的诗特别简单，就是不停地重复这句话——“一朵鲜花插在牛粪上 / 一朵鲜花插在牛粪上 / 一朵鲜花插在牛粪上 / 又一朵鲜花插在牛粪上 / 已经看不见牛粪了 / 看见的 / 只有鲜花 / 只有鲜花。”这样的诗貌似简单，但你要学会用现成的俗语去解构它。

我还写过另一首特别简单的诗。大家知道我们中国人有一个习惯，就是什么都要吃活的，非常残忍；但同时又有一种行为，叫“放生”。我觉得放生这个行为很虚伪，所以就写了一首非常短的诗，叫“钓鱼”：“周末 / 我去 / 钓鱼 / 去年 / 放生的鱼 / 已经长大了”很简单，但想说明什么呢？其实是在调侃、暗讽那些放生的人，或者是我们文化中所谓的放生传统，因为他们其实是很虚伪的。所以大家看，诗歌就存在于我们的日常生活中，存在于我们每天用得烂熟的词语当中。通过你的观察，把它们组合、嫁接、碰撞，然后一首诗就被你写出来了。很难，也很简单。总之，诗歌让你的生活变得更加丰富、更加丰盈，也让你的生活变得更加富饶。

舒羽：今天赵老师上的这堂课，对我的触动很大。作为诗人，很多时候，我们的作品更多的是被同行解读，被评论家分析。但是今天，赵老师把诗放到被褥中，放到餐桌上，放到我们清晨起来的阳光下，放到我们早上乘坐的公交车里。诗歌一旦被放到与我们日常生活极其相关的情境当中，我觉得它所呈现的价值和意义就完全不一样了。赵老师在课堂上和同学们用了多种方法来解读姚风老师的这首诗，我非常替姚风老师感到开心。有这样一个真正了解、懂得、会发展、会打开诗的人去解读你的诗歌，对诗人来说，将是毕生莫大的荣幸。

姚风：诗歌很重要，但是不见得我们都要去做诗人。其实我们要做的，是如何让自己的生活有诗意。通过诗歌的一双眼睛，发现这个世界上很多微小而美妙的事物，包括夕阳、杨柳、月亮，它们会脱离物理的存在，成为一个意象，成为一个象征，然后进入你的想象，进入你的心灵。因为诗歌，人，以及生活，将变得更美。

8.

语文课的三重门

《目送》里有三扇门：
一扇全开，
一扇虚掩，
一扇紧闭。
我上过三次《目送》：
一次为学生，
一次为曾是我语文老师的父亲，
还有一次，为儿子可千。
我想用《目送》
打开语文课的三重门……

《目送》课堂实录

时　　间 / 2012 年 3 月
地　　点 / 浙江省军分区大礼堂
实录整理 / 浙江省杭州市文晖中学　钱汝琦

/ 前记 /

那日下午，文晖中学初三（2）班的孩子们异常兴奋，他们带着父母来到“千课万人”——全国初中语文文本细读课堂教学研讨会的现场，等着他们的校长赵群筠老师上龙应台的《目送》。礼堂里楼上楼下黑压压地坐满了听课的人，孩子们开始有点儿紧张，可后来竟完全忘情了，有哭有笑，有说不完的话。直至回到学校，一个个还等在我的办公室门口不走，和过来采访的记者聊自己的课后感受，聊到晚上，孩子们仍然意犹未尽。

这样一节语文课，有人说它不像语文课，那它跟平常的语文课在哪里不一样呢？

/ 一重门 /　语文课之显

师：孩子们，今天爸爸妈妈来和你们一起上课，你们有什么感觉？

生：挺开心的。

生：有一点儿紧张。

生：蛮特别的。

师：那妈妈你是什么感觉？

妈妈：很高兴。

师：爸爸呢？

爸爸：也一样，很高兴。

师：今天确实会是一个难忘的课堂。我们一起来读一篇文章——龙应台的《目送》。看到“目送”这两个字，你们想到了什么？

生：目送就是和家人离别。

生：目送就是看着自己爱的人离开。

生：目送就是父亲每天送我上学时看着我的背影远去。

师：看来同学们对目送都有着自己的理解，那么龙应台又是如何看待目送的呢？

> **有好多种方式可以送别，喝一杯酒可以送别，折一段杨柳也能送别。但是，有一种送别，你连话都说不出来，只能够用沉默，用眼睛。**

师：到底是什么样的送别，让你连话都说不出来？现在，我们一起走进课文。这篇文章的结构很特别，里面有两段话是一模一样的，大家找找看，

是不是这样的？（生马上找到了第9、16段）

师：同样的文字在文中出现两次，这意味着什么？

生：意义重大。

生：作者想要强调她的观点或者情感。

生：表达的内容是不是也一样呢？

（师请生朗读第9段）

> **我慢慢地、慢慢地了解到，所谓父女母子一场，只不过意味着，你和他的缘分就是今生今世不断地在目送他的背影渐行渐远。你站立在小路的这一端，看着他逐渐消失在小路转弯的地方，而且，他用背影默默告诉你：不必追。**

（生读得很动情，全场鼓掌）

师：听课老师们的掌声说明这位同学的朗读引起了他们内心的共鸣。我们来找找这个段落的关键词。

生：我找到"渐行渐远"这个词。

师："渐行渐远"这个词的中心词又是哪个字？

生：渐。

师：同学们，你们说呢？

生：哦，应该是远。

生：默默，不必追。

生：目送。

师：这个同学很会读书，"目送"是课文的题目，当然也是关键词。

师："送""远""追"这三个中心词偏旁相同，你们猜它们之间有什么关系?

生:“远”了，所以要“追”,“追”不上了，只能目“送”。(众笑)

师:看来，这里的关键还是“远”，估计要读懂文章，得先弄明白什么是“渐行渐远”。

(播放龙应台自己朗读课文前半部分的录音，生边听边画出能表现“渐行渐远”的文字)

师:刚才大家听得很认真，也画了不少，现在请分享。

生:渐行渐远就是这样的：一开始，作者的儿子在上小学第一天时，是跟母亲手牵着手的。在第三段中有一个细节，儿子背着一个五颜六色的书包往前走，不断回头。可是到了第六、七段，儿子到国外去，过海关时龙应台一直在等待儿子的回头，但儿子一次也没有回头。从中可以看出，随着孩子的长大，母子之间的距离变得越来越大，以至于他俩即使在同一所大学里面，即使是同路，也不会交会，只会渐行渐远。

师:我发现你的感情特别细腻，能感受到孩子与母亲之间的距离变化。那你觉得这个距离是指什么?

生:这个距离是指心的距离。

师:心的距离，听起来有点儿伤感。好，同学们，他刚才关注到了许多细节，包括手牵着手，视线的隔空交会，等等，讲得非常好。一个作家要把这种距离感表达出来，就必须借助于一些细节。我们再来看看文章当中还有哪些细节写出了这种距离感?

生:我看到的是现实中的距离。上小学时，儿子背着一个五颜六色的书包一直往前走，从此就和他的母亲拉开了距离；之后，在机场，两人的距离更大；到儿子二十一岁时，文章中有一个细节：“我从高楼的窗口往下看：一个高高瘦瘦的青年，眼睛望向灰色的海。”他的眼睛望向的是灰色的海，而不是他的母亲，这个时候假如他能回头看一看楼上，可能会和他母亲有一个眼神的交会，可是他没有，五年前他没有，五年后更没有。

师：或许外面的世界很精彩，哪怕是灰色的海。还有吗？

生：到第6段，她的儿子要去美国做交换生，这里也有一个细节："拿回护照，闪入一扇门，倏忽不见。"她的儿子根本没想到要和母亲说再见，很快就离开了。后来又说"只有一个人能听的音乐，是一扇紧闭的门"，因为他根本就不想和他母亲交流。

师：我觉得这位男同学好厉害，他找到了这样三扇门。其他同学有没有注意到？

（生纷纷找出三扇门。）

> **我看着他瘦小的背影消失在门里。**
>
> **闪入一扇门，倏忽不见。**
>
> **只有一个人能听的音乐，是一扇紧闭的门。**

师：作者想通过门表达什么？

生：我觉得作者是有意写这三扇门的。门就是一个象征，门没有改变，但心的距离改变了。

生：是心门。儿子上小学时，这扇门是他为母亲打开的，因为他还弱小；后来他变得强大了，门就关上了。

师：我们可以理解得更深刻些。

生：后来龙应台送他到机场，他"闪入一扇门，倏忽不见"，这时门是半关着的，因为是"闪入"。

师：半关还是半开？

生：半关半开。（笑）

师：但是你说半开时我心里会好受些，因为我也是母亲。

生：那就半开。（笑）

生：虽然儿子没有回头，但作为母亲，龙应台还是可以看到他在入门的那一瞬间。而在她车上，华安听着音乐，那却是一扇紧闭着的门，龙应台看不到这扇门背后的世界。

师：好，非常精妙的解读，这扇门是儿子的心门，随着他的长大，它渐渐地关上了。

生：我觉得我们可以从他的态度上来看。在上小学的时候，儿子和母亲的眼神隔空交会，非常深情，有一种依恋的感觉，但到他十六岁时，他却在勉强忍受母亲的深情。

师：从哪里看出是勉强忍受？

生："好像抱住了长颈鹿的脚。他很明显地在勉强忍受母亲的深情。"

师：这还能说明什么？

生：她的儿子已经长大了，不像上小学时对母亲是完全依赖的，现在他已经独立，并且有一点点儿叛逆的心理，就像我们一样。

师：也就是说，现在的你也有一点点儿叛逆？

生：不是我，是我们，我们！（众笑）虽然不想这样，但还能勉强忍受，所以说门是半开半关着的。而在车上，当华安戴上耳机一个人听音乐时，他就和我们一样，内心世界波涛深邃，已经属于另一个世界了。

师：逐渐长大的孩子把心门慢慢关上了，面对这扇门，你们猜，妈妈的心情会怎样？试用一个词来表达。

生：（纷纷说）伤心、无奈、失落、失望、伤感、孤单……

师：同学们说的都很有道理，我也觉得母亲应该是这样的心情，不过文中却没有出现这些词语。那么母亲的心情是如何传递给我们的呢？我们到文中找一找，看看能不能有所发现。

（生找到两段景物描写）

九月初，家家户户院子里的苹果和梨树都缀满了拳头大小的果子，枝丫因为负重而沉沉下垂，越出了树篱，钩到过路行人的头发。

车子开走，一条空荡荡的街，只立着一只邮筒。

（男生读第一段，女生读第二段）

师：我们来看看，这两段景物描写反映了母亲怎样的心情？先分析第一段。

生：我觉得在第一段，母亲是开心的。

师：你从哪些字词中看出母亲是开心的？

生：因为她说，苹果和梨树都缀满了拳头大小的果子，枝丫也是沉沉下垂，说明这个景象是富有生机的。

师：这个景象让你觉得有生机，这比开心更具体。

生：我想先分析一下果子。果子有拳头大小，并且沉沉下垂，说明它已完全成熟，马上就要脱离树的怀抱，落到地上，生根、发芽。这正如龙应台送他的儿子华安上小学，他们母子终究是要分离的。

师：孩子，你真的很能想！

生：我觉得母亲除了开心之外也有不舍，所以这些树枝、果子越出了树篱，钩到了过路行人的头发。

师：缀满、负重、沉沉，这说明母亲的心是满足的，满得都快溢出来了，即便有所不舍，也终归是幸福的母亲。我们再来看第二句话，齐读——“车子开走，一条空荡荡的街，只立着一只邮筒。”这个时候母亲的心情是怎样的?

生：我觉得这一段和前一段形成了鲜明的对比。母亲的心就像街道一样，空荡荡的。车子开走了，就像她心爱的孩子一样越走越远，而自己却无能为力。

师：同学们觉得这段描写是真实的吗？城市的街头有可能是空荡荡的吗?

生：我觉得即使街道上挤满了行人，母亲的眼里也只有她自己的孩子。载着自己孩子的车子远去了，于是她觉得街道是空荡荡的，因为她的心空了。（台下鼓掌）

师：孩子们，你们听到了吗？妈妈听到了吗？这位同学说，在母亲的眼里，孩子就是她的世界，孩子乘公交车走了，她的世界就空了，不管街上怎么人来人往，车水马龙，都与她无关。

师：我们再来注意一个细节。虽然母亲的心是空的，但她还剩下一样东西，是什么呢?

生：邮筒。

师：为什么要写邮筒?

生：邮筒是用来寄信的，儿子走了，就没有了面对面的交流，只能靠信来交流。

生：我觉得邮筒象征着分别。孩子长大了，他不会再像小时候那样依赖母亲，他需要到外面的世界去闯荡，和母亲的沟通也会越来越少。所以这个邮筒象征着分别，不是实际上的分别，而是心灵上的分别。孩子会有属于自己的人生，虽然母亲是其中最重要的一部分。

师：孩子，我真的很想代他的母亲拥抱你一下。（师生拥抱，掌声）

师：孩子们，母亲的心曾经是满满的，现在却变得空荡荡了，可是她的孩子却只用背影默默告诉她——

生：不必追。

师：是啊，你明明知道母亲会难过，为什么还要这么做？因为你已经长大了？因为外面的世界很精彩？你能不能把你真实的想法告诉妈妈和老师？

生：其实呢，我就是想告诉父亲和母亲，我已经长大了，会为自己所做的事情负责，外面有很多的东西我还不知道，我要去探索，去……

师：可是我会很想你的！（打断学生的话，继而以母亲的身份继续情景对话）

生：要得到一些东西，总会失去另外一些东西。

师：那你就选择失去我？

生：我没有把你忘记，在我的心里，你就是我力量的源泉。当我在外面四处碰壁的时候，我会想起你对我的教导。我不会忘记你。

师：有一句话说得很好：不管你在哪里，我都在你的心里。所以其实不用追。当你在外面受了委屈或者遭遇到失败的时候，你都会想起母亲。听到这里，我的心里特温暖，特高兴，因为你终于说出了我希望听到的话。

生：刚才这位同学说了，孩子已经长大，他必须出去闯。他在自己的天地里摸爬滚打，肯定有受伤的时候。父母亲看到孩子受伤，心里肯定难受。我觉得孝顺的孩子必定不想让父母亲心里难受，所以让他们不必追。

师：好，我要和这位孝顺的儿子拉拉手。他让父母不必追，是怕他们看到自己的伤痛，怕他们心疼。

生：我还想跟妈妈说，其实你追与不追，我就在那里。无论我在纽约，在伦敦，还是在北京，我都是你的儿子。所以，“不必追”不是说不让你追，

而是你没有必要追。（掌声）

…………

师：我在想，龙应台为什么会如此有把握地说，等20年以后你一定会回过头来？我们来看文章的后半部分。这里有一个过渡句："我慢慢地、慢慢地意识到，我的落寞，仿佛和另一个背影有关。"这另一个背影又是谁的呢？同学们，后边的内容，你们自己解读有点儿难，所以，你们可以求助身边的家长。把使你感动的句子，或者你无法理解的句子画出来。找到句子之后，我们再来聊一聊。

生：嗯，我来说说第15自然段中的最后一句话："我掠开雨湿了前额的头发，深深、深深地凝望，希望记得这最后一次的目送。"

师：你怎么理解这句话？

生：我很悲观。我觉得，人，总要离开自己的亲人，这是每个人都会有的经历。小时候，当看到自己的外婆离去，看到她冰冷的遗体躺在棺木中的时候，我的内心在流泪，但是脸上却没有一滴泪。我曾经答应过我的外婆，我会坚强，会坚强地走过人生。当时我才六岁。我也不知道自己为什么会说出这些话。龙应台在她的文章中也写到，她父亲开着一辆廉价的小货车送她去大学报到，觉得很对不起女儿，所以就在学校的侧门停下了车，目送着女儿走进大学。而他，"噗噗"地驶出巷口，留下一团黑烟。后来，当龙应台看着父亲冰冷的遗体躺在棺木中的时候，她只想对父亲深深地说一声谢谢，就像她在文章里说的，"希望记得这最后一次的目送。"

师：我觉得你是一个非常懂感情的孩子。你关注文章中的两个场面：一个是爸爸开着车，一个是爸爸走了。你说你是个悲观的人？

生：我是这样认为的。

师：但是孩子，其实你不悲观，你的生活中充满了阳光。

生：谢谢老师。

生：第 10 自然段中有句话："我的落寞，仿佛和另一个背影有关。"从第 11 到第 15 自然段，仍旧是"我"在目送，但是目送的人变了，变成了"我"的父亲——也就是一开始在目送着"我"的背影的人。我觉得第 11 自然段父亲在说出这段话的时候，和"我"看着华安离开的那一刻有着同样的感觉。还有，第 13 自然段，作者"拎起皮包，看着轮椅的背影"。我想也许在这个时候，她想起了多年以前父亲送她的一幕。那时候他俩虽然有隔阂，好歹还能交流。可是现在，即使想交流，父亲也没办法和她说话了。我觉得此时作者的心中一定非常失落，也非常无奈。

师：好，我知道孩子们有很多话要说。你们在长大过程中会对这篇文章有更多的感悟。现在，我想请同学和我一起把我写的感悟读一读。好，你来。你读原文，我读感悟，好不好？

（生读）

我慢慢地、慢慢地意识到，我的落寞，仿佛和另一个背影有关。

博士学位读完之后，我回台湾教书。到大学报到第一天，父亲用他那辆运送饲料的廉价小货车长途送我。到了我才发觉，他没开到大学正门口，而是停在侧门的窄巷边。卸下行李之后，他爬回车内，准备回去，明明启动了引擎，却又摇下车窗，头伸出来说："女儿，爸爸觉得很对不起你，这种车子实在不是送大学教授的车子。"

我看着他的小货车小心地倒车，然后"噗噗"驶出巷口，留下一团黑烟。直到车子转弯看不见了，我还站在那里，一口皮箱旁。

（师读）

站在那个熟悉的街角，角色变了，心中的街景也变了……华安的故事到读大学时戛然而止，而我对父亲的目送却从读完博士后开始。是巧合，还是生命本身的规律？父亲，你放下自尊，是为了托起女儿骄傲的尊严。你的道歉温暖而质朴，女儿的心愧疚而疼痛……我突然明白：如果亲人的背影是情感凝聚的点，目送就是连接生命的长长的线。它无法阻止，无法追逐。我们所能做的，只是让它像河流一样自由流淌，像小路一样无限延伸。

（生读）

每个礼拜到医院去看他，是十几年后的时光了。推着他的轮椅散步，他的头低垂到胸口。有一次，发现排泄物淋满了他的裤腿，我蹲下来用自己的手帕帮他擦拭，裙子也沾上了粪便，但是我必须就这样赶回台北上班。护士接过他的轮椅，我拎起皮包，看着轮椅的背影，在自动玻璃门前稍停，然后没入门后。

我总是在暮色沉沉中奔向机场。

（师读）

我总是在暮色沉沉中奔向机场。生活的忙碌与苦厄并没有阻断女儿与父亲的情感，那无声的目送，微妙的感受，将我与父亲的灵魂慢慢地融化在人世间。尽管父亲的身体不再强健，尽管岁月的年轮在父亲身上留下了无情的痕迹，可是女儿会用最柔软的目光，永远注视着

自己的父亲，就像父亲当年注视自己一样！父亲肯定是感觉到了吧？玻璃门前的“稍停”，是女儿对父亲的感激和依恋。这种永恒的灵犀在“没入门后”的一刹那悠扬婉转。

（生读）

火葬场的炉门前，棺木是一只巨大而沉重的抽屉，缓缓往前滑行。没有想到可以站得那么近，距离炉门也不过五米。雨丝被风吹斜，飘进长廊内。我掠开雨湿了前额的头发，深深、深深地凝望，希望记得这最后一次的目送。

（师读）

父亲走了。生与死的距离，不过是离炉门的“五米”罢了，父亲却走了整整一生。女儿用那最后一次的目送，陪伴他走完在人世间的最后一段路。无声的陪伴……

凝望，深深的、深深的、最后一次的目送。用最平静的目光，看穿生与死的距离。像迎接生命一样拥抱死亡。起点连着终点，终点接着起点，那渐行渐远的背影，用长长的目光，牵引出渐远渐浓的至深亲情。

同学们，当我们用心体会这两段文字以后，我们再来看看，这两段一模一样的文字到底有什么意义？如果我们要给它们加一个人称的话，第一段和第二段是否一样？第一段是叫谁？

生：妈妈。

师：那第二段呢？请家长来说一下。

家长：孩子。

师：很好。孩子对妈妈说，妈妈你不必追；老人对孩子说，孩子你不必追。不必追，是因为爱，而不关乎时空。尽管他走了，他的爱，他的身影，永远都留在了她的心里。我们一起来读这两段话。你们读上一段，我们的妈妈、爸爸读下一段，好不好？

生：（读）我慢慢地、慢慢地了解到，所谓父女母子一场，只不过意味着，你和他的缘分就是今生今世不断地在目送他的背影渐行渐远。你站立在小路的这一端，看着他逐渐消失在小路转弯的地方，而且，他用背影默默告诉你：妈妈，不必追。

家长：（读）我慢慢地、慢慢地了解到，所谓父女母子一场，只不过意味着，你和他的缘分就是今生今世不断地在目送他的背影渐行渐远。你站立在小路的这一端，看着他逐渐消失在小路转弯的地方，而且，他用背影默默告诉你：孩子，不必追。

师：所以啊，孩子们，生命就是这样一个从起点到终点再重新开始的轮回，是一个“缘”，也是一个“圆”。今天的目送，送给孩子们，送给你们的爸爸妈妈，也送给在座的各位老师们。谢谢大家！

实录者语

分析式的阅读……更是一种心智的活动。一个初学滑雪的人必须先考虑到身体的动作，之后他才能放下这些注意力，做出自然的动作。相对来说，考虑到身体的动作还是比较容易做到的。考虑到心智上的活动却困难许多，尤其是在刚开始做分析阅读时更是如此，因为他总是在想着自己的想法。大多数人都不习惯这样的阅读。虽然如此，但仍然是可以训练出来的。而一旦学会了，你的阅读技巧就会越来越好。

莫提默·J. 艾德勒和查尔斯·范多伦在《如何阅读一本书》中指出的对阅读技巧的学习，大概就是语文课之显。所谓语文课之显，就是教师利用课堂，通过巧妙的教学设计，带领学生分析文本、理解文本，并掌握及熟练运用这种分析和理解的能力。

《目送》这堂课是一个阅读教学课的范例。从教学设计上来看，它从读题导入，再利用关键语段和关键字词，分析结构、分析细节、分析环境描写，进而使学生读懂文本的弦外之音。

/ 二重门 /　语文课之隐

细节一：任课教师的真 —— 把自己的儿子引进课堂，讲述母子之间的“目送”故事。

师：同学们，你们刚才的回答让老师很感动，并由此想起了我的儿子。（出示幻灯片）这就是我的儿子，一个高一的男生。不知道为什么，这几年我给他拍照，只能拍到他的背影，因为他不愿意面对我的镜头。为此我感到伤心，他的渐行渐远让我的心里特别难受。但是你们知道吗？上个星期，在我生日的那天，晚上九点四十分，他给我发了封邮件，送了我一份别样的礼物。我想跟大家分享下。（播放儿子孙可千和他同学录制的祝福录音）

孙可千：老妈，老妈，生日快乐！忽然想到这个礼物，你就收下吧！以下呢，是我的同学、朋友和老师送给你的祝福。

同学 1：孙可千妈妈你好，我是孙可千的同学，在你生日即将来临之际，孙可千要求我们每个人为你录一段音频当作生日礼物。

同学 2：孙可千妈妈，不要太累哦！对了，还有，生日快乐！

同学 3：孙可千妈妈，你儿子真是好样的！如果有下辈子，我要你儿子做我儿子。

同学 4：谢谢你给了我这么好的一个兄弟！

同学 5：我实在是觉得，现在大部分人都不大记得自己母亲的生日了，就算记得，也不会送这样一份礼物，而且这份礼物多有创意，做得多用心！

同学 6：至少我是不会想到去这么做的，因为我担心，呃……不太好意思这么去提醒我老妈，她又老了一岁。不过，其实老了一岁也没什么。因为有这么一个儿子实在是一件值得骄傲的事情。最后，祝你生日快乐！

…………

师：你们猜，我收到这份礼物时，心情如何？

生：很感动。

师：是的，很感动，很开心。其实除了感动，我还明白了一个道理，感到了一种释然。我给儿子回了个短信，说："儿子，你有这么一群好朋友，你的生活一定充满阳光，妈妈放心地任你前行了。儿子，我学会了欣赏你的背影，于我，这也是一种成长。"

同学们，我在整理他的背影照片的时候，我发现他往前走的脚步是如此的坚定。我可以想象出他的目光也充满了期待和喜悦。所以，作为一名母亲，我要努力去理解"不必追"的含义。什么是父母？我觉得父母就是那不断地对着孩子的背影既欣喜又悲伤、既想追回拥抱又不敢声张的人。

细节二：学生和家长的真 —— 把学生的父母请进课堂，让他们彼此间敞开心门。

（课堂上，家长和孩子共同朗读了龙应台和儿子的书信集《亲爱的安德

烈》片段，以加深对课文的理解。教师对原文有所改编）

生：妈妈，我毕业了。是不是所有毕业的人都会感到一种留恋和不舍？我要离开了，我开始想，我的“家”究竟是什么呢？最重要的不是我的父母，是我的朋友。怎么能忘记：在黑暗的大雪夜里，我们挤进小镇的咖啡馆喝热乎乎的茶；在夏日明亮的午后，我们溜到小镇公园的草坪上去踢足球，躺在池塘边聊天聊到天黑……

家长：安，你不用道歉，父母亲，对一个20岁的人而言，恐怕就像一栋旧房子：你住在它里面，它为你遮风挡雨，给你温暖和安全，但是房子就是房子，你不会和房子去说话，去沟通。父母啊，只是你完全视若无睹的住惯了的旧房子吧。我猜想要等足足20年以后，你才会回过头来，开始注视这栋没有声音的老屋，发现它已残败衰弱，逐渐逐渐地走向人生的“无”、宇宙的“灭”；那时候，你才会回过头来深深地注视。

师：这里面有一句话，“20年以后……你才会回过头来深深地注视”，你同意吗？

家长：我同意。

师：你相信吗？

家长：应该相信。

师：还是不大确定。问问你旁边的女儿。

生：我会的。

师：大声一点儿。

生：我会的！

师：我会的。好。

家长：我虽然不会追，但是我会等。

（课堂上，孩子和家长窃窃私语）

生：我看到第 11 段中说，龙应台读完博士以后，到台湾教书。她父亲用运饲料的廉价小货车把她送去，还说："女儿，爸爸觉得很对不起你，这种车子实在不是送大学教授的车子。"然后，我就问了我爸爸一句："如果换作你，你会像龙应台的爸爸一样，把我送到侧门就走吗？"我爸爸笑了笑。这时我忽然感觉非常揪心，有一种莫名的伤感，有点儿……虽然爸爸什么都没说，但我可以感觉到一切，那些……

师：我知道，我懂的。爸爸，你有话说吗？

家长：我真的，书，读得不多。那个……今天有机会来这儿听课，二十多年了，没听过老师讲课。（哽咽）然后，儿子，做大人的总是希望孩子能在别人面前抬起头……

师：你的儿子说，你不需要说太多的话，你的微笑，他懂。

实录者语

我不知道你有没有这样的发现，但是我发现了，有些事情，人们根本不谈，有些情感，人们根本不分享，有些伤痛，你根本不知道痛在哪里，有些眼泪，根本流不出来，因此我写了《目送》。

——龙应台

谈人们不谈的事情，分享人们不分享的情感，这就是语文课之隐。

《目送》这堂语文课最有意思的地方，就是在课堂上同时呈现了三组父母与子女的关系。第一组是龙应台和她的儿子，第二组是赵群筠老师和她的儿子，第三组是听课的学生和他们的父母。精妙的文本解读可以让学生充分理解文章的意思，但不一定能够激发他们的同理心。想要真正达成语文课的情感目标，就需要教师自身的人文素养以及对情感资源的充分利用。

/三重门/ 语文课之长

爱的语文课应该有更多人文的东西，应该对孩子有更长久的影响。我的课不预设，不作秀，只提供一个心灵交流的平台，给孩子在舞台上展示的机会，并且能与家长一起分享。我希望在初中阶段，能有一些东西让孩子们终生难忘。

——赵群筠

有爱的课会伴随着孩子一起成长，会对孩子有长久的影响，这就是语文课之长。

《目送》真的能做到让学生终生难忘吗？我们来听听课后学生和家长的感受：

在课堂上，肖克同学轻轻地问爸爸："龙应台的父亲开着送饲料的廉价小货车送女儿去大学教书，觉得这样很对不起女儿，换作你，你会如何？"爸爸只是朝他微微一笑。就是这一笑，让肖克同学在课堂上哽咽失语。也是这种无声的动情，激起了台下无数感动的掌声。肖克同学课后说："我很少在人前这样真情流露。我和爸爸的感情很特殊。爸爸一直在外打拼，我出生的时候他不在我的身边，小时候也很少能见到他。记忆中的他很高大，什么都懂，我总是骑在他的脖子上，父子俩幸福地走在大马路上。可现在我才知道，父亲说的很多东西其实都是错的，但我从不揭穿他。父亲的背已经弯下去了，两鬓有了白霜，那种反差让人很伤感。我所理解的龙应台的'不必追'，就是孩子该有他自己的责任感。我有一个目标，就是等我到了而立之年，我会提供我的父母一切我能提供的最好的东西，让他们做最幸福的父母。"

肖克的爸爸虽然不善言辞，但从他朴实的话语中，我们不难体会到这对父子的深情："我这辈子就这样了，我唯一的希望就是儿子能好。我真的很感谢学校，感谢赵老师能让我们父子有如此近距离交心的机会。这堂课，和上次初三的爬山活动一样，让我更加以我有这样的儿子而骄傲。”

叶宇婕同学和妈妈郑晓红一起朗读了安得烈和龙应台的通信。深情的朗读赢得了台下老师的一片掌声，而当时妈妈那句“孩子，我不会追，我会等”更是感动了在场所有的人。课后，叶宇婕同学告诉我们：“我不会让妈妈等太久……”

沈嘉惠的妈妈说，孩子渐行渐远，家长要“洒脱”。沈嘉惠说：“妈妈希望我能到别的地方去读大学，她说她会‘放手’，我的理解是，‘目送’不一定都是悲伤的，它也可以是温暖的，饱含深情的温暖。”

周敏同学在课堂上对“渐行渐远”的分析也赢来了台下老师的喝彩，但是，周敏对这堂课却有着他自己的遗憾，他说：“真可惜，我父母没有来。如果我妈妈在，我一定会在课上亲口对她说：I love you！”同样表现精彩的陈牧歌同学也是如此感叹：“要是我爸爸在就好了！”

在读到《目送》中生与死的距离时，范天昱同学说，他会坚强地走下去。他非常明白文章中“邮筒”这个意象指代着什么。他自己的父母也是因为工作繁忙，经常难得见面，于是便条和信就成为他们最好的沟通方式。他保留着所有和父母沟通的便条，足有一尺多厚。他的坚强和细腻当场赢得了赵老师深情的拥抱。课后，范天昱同学说，是赵老师的课让人们看到了孩子的内心。

可见，这一堂课在孩子们的内心掀起了不小的波澜，但它是否真的如赵老师所希望的那样，能伴随着孩子们的成长，让他们终生难忘?

五年的时间转眼过去，孩子们说，有很长一段时间，只要一提到父女、母子关系，他们的脑海中都会下意识地跳出一句话来：“所谓父女母子一场，只不过意味着，你和他的缘分就是今生今世不断地在目送他的背影渐行渐远。”

邵逸菲同学在回忆那节课时说：“我坐在第三排，不靠前也不靠后，我的妈妈，她坐在我身边。当问及‘第一次与孩子一起上课有什么感受’时，话筒递到她嘴边，她只是腼腆地笑笑，说了一句：‘很开心。’”其实那节课对邵逸菲同学有着非同寻常的意义。她本来正为母亲的再婚而痛苦迷茫，此时突然明白了“所谓父女母子一场”和“不必追”的另一层含义——孩子有孩子的生活，父母也有父母的生活。不论他们选择什么样的生活，只要能从中感到快乐，那么不管是子女还是父母，都无权干预对方。豁然开朗的她重新接受了母亲的爱，并且在高考的时候毅然决定选择本地的学校，为的就是多些时间留下来陪伴母亲。

五年的时间转眼过去，家长们看着孩子长大，也时时刻刻感受着他们的渐行渐远。

卢新宇同学的母亲戴红桃老师说：“幼儿时，她无数次在我身后哭着喊着要跟我去上班，我不忍回头。她被外婆抱着，无奈地看着我的背影离去；她上初中时，我感到很幸福，能和她在一个学校共同度过；她上高中了，每个周末，我都送她到公交车站，看着她上车、离开；她上大学了，每次送她到检票口，她都转过身，挥挥手说：‘爸妈你们回吧！’每一次，我都在感受着‘所谓父女母子一场，只不过意味着，你和他的缘分就是今生今世不断地在目送他的背影渐行渐远。’今年我的腿不小心受伤，孩子在家照顾了我一个寒假。开学了，就推着轮椅送我上班。在回北京的前一个晚上，她问我：‘妈妈，你舍得我走吗？’我笑着说：‘不必追。’”

五年的时间转眼过去，那节课还在吗？

五年了，那节课还在吗

/ 邵逸菲

与母亲再度提到初中时上的这堂《目送》课是在晚餐后。她坐在榻榻米的毛毡毯上，盖着毯子，膝盖上盘着家里的小霸猫。电视里放着对比度过强的电视连续剧，妹妹用手机放着《律政俏佳人》音乐剧。

“你记不记得我们初中时上的一节公开课？”我说，“校长上的，龙应台的《目送》。”

她的目光从电视剧女主人公哭得过于夸张以至于显得可笑的脸上挪回来，眨了眨眼。猫咪在她腿上打了个哈欠。

“《目送》？”她没费很长时间思考，“我记得的，我记得‘不必追’。”

是有这三个字，确实没错，而且这三个字在那一节课里的出现率很高——我想正因为出现率高才会在她的脑海里留下如此深刻的印象。

上公开课并不稀奇，但和自己的母亲同桌上同一节课就非常难得了。那节课至今还留在我的脑海中：坐在我身边的妈妈，那年冬天我留的过长的头发，手里头拿着的发下来的课文，还有龙应台的声音，她念《目送》。有很长一段时间，只要一提到父女、母子关系，我脑海中都会下意识地跳出一句话来：“所谓父女母子一场，只不过意味着，你和他的缘分就是今生今世不断地在目送他的背影渐行渐远。”是龙应台温和的嗓音，如一位贴心的长辈，将这些略显哀伤的字句轻轻告诉你。

记忆回到五年前。

2012 年，有些人以为世界会毁灭，但其实什么也没有发生的那一年。2012 年，我和继父一起生活的第二年，和母亲之间渐渐有了隔阂的那一年。大概从小学毕业的时候起，我就慢慢体会到一件事：一个人的情感如一桶水，是有固定值的，当你将你的情感过多地安放在某个人身上时，便很难分出多余的情感给别人。父母离婚时我就是这样想的。我为一个夜里为丈夫为自己悲哀的婚姻哭泣的女人打印了一张离婚协议书，我支持她坚强并离开了原来的家，我追随着我的母亲奔向了自由。

我赶走了我的父亲。

在赶走了父亲之后，我一度以为，家里从此就只剩下我和我的母亲，这里再也容不下另外一个人，也不允许另一个人出现。但意外却随之而来，我所期许的生活并没有出现，继父的到来，将这一切都打破了。初二时，我甚至为此产生出一种被欺骗、被蒙蔽的愤怒，因为这种愤怒，我用一种客气而疏离的态度，幼稚地想远离母亲和她的新丈夫。

那节课就是在这样的情况下进入我的生活的。

在一个女孩对母亲无比恋慕、热爱，却又深切觉着被欺骗时，那节课如同贴在伤口上的一个创可贴，止住了血，制止了那些毫无意义的胡思乱想，强迫她冷静下来，停下脚步，等一等谁。

那节课是在舞台上进行的。两边黑色的幕布像是巨兽无底的嘴，张口吞噬着空气与光，投影仪射出的白光映着飞舞的尘灰。我坐在第三排，不靠前也不靠后，我的妈妈，她坐在我身边。当被问及“第一次与孩子一起上课有什么感受”时，话筒递到她嘴边，她只是腼腆地笑笑，说了一句：“很开心。”

她说很开心的时候，有一瞬间，我在想，我们其实很久没有做过“很开心”的事情了。成年人的生活有太多需要忙碌、需要思考的事情。

我坐在她身边，静静听着赵老师一点点儿细腻地解构着文章，听龙应台的声音，听那些家长为子女的远离叹息，听同学们理解着“分离”与“成长”。父母总是在孩子的身后看着他们，默默无言，想伸手却又在最后一刻默默放下。真正好的父母懂得何时放手，他们将孩子视为独立的个体，任何独立的个体都应有自己的生活，有他们该去的方向、该走的道路。

这条路父母是没有办法陪伴的，甚至没办法理解。

孩子有孩子自己的生活，同样父母也有他们自己的生活。作为父母的他们，作为子女的我们，作为子女的他们，在身份不断转换的过程中，情感与方式却始终如一。不论他们选择什么样的生活，只要他们能从中感到快乐，不管是子女还是父母，都无权干预。

你知道的，“不必追”。

好像忽然之间豁然开朗，心头有什么东西放了下来。我最初的意图不就是希望妈妈能够快乐幸福吗？现在她找到那个能够照顾她给她带来安稳的男人了，她将不会在凌晨一个人默默哭泣，也不必一个人承担着照顾我的重担。

好了，够了。

悄然无声中，在她还没有丝毫察觉间，我就已经默默释然了。

时间跳回到现在。对比度过强的电视连续剧里，永远是一副无辜神情的女主角一边委屈地大喊一边挤出眼睛里的眼药水，《律政俏佳人》进入尾声阶段的欢乐大合唱，演员们在舞台上舞动身姿，用舞蹈分解着日常的生活。

填报高考志愿的时候，我说了很多外省的学校，不管哪一所，我妈都说，好呀，你愿意去就好。可到了最后，当我选择了离家最近的那一所之后，她问我，你为什么不试试考外地的学校？我说，准备校考太累了，算了，本地学校也挺好的。

真正的理由我当然没告诉她。

每当我提到外地学校时，她的眼神中总会透出不舍和挽留，虽然嘴上没有说，可我知道，她还是希望我留在她身边。也许大部分孩子为了更广阔的世界会将背影留给父母，但我希望能够做停下来、等一等、多等一会儿也没有关系的那一个。

别人问我写小说赚多少钱、有什么作品时，妈妈会问我，你写得累不累？太辛苦就多休息休息吧，身体最重要。流感的日子里，别人接到家中电话说要注意身体记得保暖，我却在回家时，看见房间小角落里干的与新鲜的洋葱片。

五年过去了，那节课还在吗？

我不知道，记忆会随时间淡去，学到的知识也有可能在某天被忘记。但是情感不会，永远不会。

（邵逸菲，浙江省杭州市文晖中学毕业，现就读于浙江传媒学院）

语文课如何打开学生的心灵

/ 李海林

龙应台的《目送》肯定不是写给孩子看的。孩子慢慢长大，自己慢慢老去，那种复杂的感情，孩子很难懂得；龙应台写这篇文章的目的，也不是希望孩子看了这篇文章后懂得为母者内心的万千思绪。龙应台应该是没有这个意思。这一点，不但从文章的语气中可以看出，文章的整体结构也可以证明。文章不但写了作者从与孩子的关系中体会到的，也写了她从与父亲的关系中体会到的亲情。如果说前者还可以写给孩子看看，那么后者就没有这个必要了。这篇文章，作者是写给同为父母者看的。整篇文章的框架设计，是作为母亲对母子关系进行的体察与思考，也是作为女儿对父女关系进行的体察与思考，两者构成了一个比照关系，并蕴含着这么一个意思："养儿方知父母心。"这是作者对父女、母子关系的一种带有哲学意味的思考，她在不无痛苦中感悟到：人生就是这样，把孩子送到彼岸；人类也是这样，一代一代传承着生命与情感。为人父母者，目送孩子渐行渐远的那一刻，内心的牵挂，孩子是很难懂的，他们有他们的志向，他们有他们的向往，他们正对前方满怀憧憬，而对他们身后父母的目光，却难有感觉。孩子终于懂得的时候，往往是父子母女关系快要结束的时候。这样的情感内容与哲学思索，显然是在同龄人之间、在同为父母者之间的一种交流，一种很沉痛的述说。

这种本不是写给孩子看的文章，其实是很难教的。语文教材中，有些文本是写给孩子看的，例如，苏霍姆林斯基的《致女儿的信》，林海音的《爸爸的花儿落了》，甚至包括《傅雷家书》。这一类文本，要么写作视角就是孩子(例如《爸爸的花儿落了》)，要么直接把孩子设定为“潜在读者”(例如《致女儿的信》《傅雷家书》)。对这类文本的教学处理比较容易。孩子们读这样的文本，从一开始就能进入读者状态，能顺利地实现与作者的对话。但是，像《目送》这类文本，孩子就很难直接展开与作者的对话。在阅读这类文本时，他们要转换角色，先把自己转换成“潜在读者”，然后才能顺利实现与作者的对话。这个过程，非常艰难。

这两种不同类型的文本，在教学设计思路上有着很大的不同。简单地说，第一类文本，其教学聚焦在文本本身，在文本中探寻字里行间的隐含意义，整体上来说，是“走向文本”的。第二类文本，其教学聚焦在读者(即学生)身上，从学生在阅读文本的过程中心灵所受到的激荡着手，推进教学。这种教学思路，我们称之为“打开心灵”。赵群筠老师的这堂课，不露痕迹地实践了这一教学思路。

让我们回到课堂现场，具体看看这一教学思路是如何实施的，并从中总结出语文课“打开心灵”的基本规则。

第一个教学环节，让学生代入母亲的内心世界，体验母亲在那一刻的内在情感状态。

面对文本，我们有两种态度。一种是站在读者的角度，把文本作为一个客体来进行分析和解剖。这种办法我们用得很多，所谓“文本分析”是也。赵老师在这堂课的第一个教学环节里，其实并没有精致的文本分析，她使用了一种可以称之为“替代还原”的教学法，让孩子们暂时性地替代了母亲的角色，还原母亲目送孩子离开时的内心世界。教师先将“渐行渐远”那段话导向了孩子与母亲的“心的距离”，然后通过“三扇门”来强化这种“心的距离”的“隔绝感”，之后直接向学生提问：“面对这扇门，你们猜妈妈的心情会怎样”，从而实现了这种“替代还原”。

对“景物”“街道”“邮筒”的教学，教师也没有就文本特征和描写手法来大做文章，她关注的是这些描写反映了这位母亲怎样的内心情感状态，她的教学目的是让学生通过这些描写体验母亲那种特有的“伤心、无奈、失落、失望、伤感、孤单”，那种“空”。这是该教学环节中最出彩的地方，所谓的出彩不是指文本分析如何到位，而是让孩子们有效地实现了“情感替代”，即把自己代入母亲的情感世界里，体会母亲当时的情感。

第二个教学环节，让学生暂时离开文本，作为儿女与父母展开真实的对话，从而实现对文本的超越。

第二个教学环节，是从教师的这段话开始的：“是啊，你明明知道母亲会难过，为什么还要这么做？因为你已经长大了？因为外面的世界很精彩？你能不能把你真实的想法告诉妈妈和老师？”

这一教学环节，可以从“对话教学”的角度来分析。因为基于真实的生活情境，所以对话非常顺畅，表达也非常到位。而“请家长和孩子们一起来听课”这种特有的设计，更无疑强化了这种对话意图，也完美地实现了对话过程。

这一教学环节，也可以从“生活化”的角度来分析。上述对话是真实的。一方面，孩子们的父母真的就在现场，另一方面，孩子们以自己真实的身份在发言，是真的说给自己的父母听的。这个环节并没有游离于孩子们和父母们的生活之外，它会对生活中的父子母女关系产生真实的影响。课堂之外，孩子们与他们父母的故事在继续。肖克同学与他的父亲，叶宇婕与她的妈妈，沈佳惠与她的妈妈，还有其他同学，在上完这堂课之后，他们的生活和内心都发生了一些变化。这堂课，成为这些孩子生活之流中的一个节点。这就是所谓的教学生活化。对语文教学来说，生活化源自语文内在的需要。

但我更想从"文本处理"的角度来分析这一个教学环节。在上一个教学环节里，教学是围绕文本来进行的，在内容上是紧贴着文本的具体内容展开的。但这个环节与文本的关系只有三个字 ——"不必追"。将"不必追"这三个字作引子，把整个教学内容荡开去，使之不再贴着文本展开，这是很有意思、很值得研讨的一种设计。孩子们说的话，孩子们理解到的东西，都不是文本所包含的内容 (虽然不能说与文本无关)；孩子们说的话，孩子们理解到的东西，都是他们从自己的角度对文本进行的外部"注入"和"添加"(《目送》里的"不必追"这三个字，从孩子的角度来说，并不是文章所要传达的意思，作者也没有这个写作意图)，从专业上说，这是对文本的加工。

这种表现为"对文本加工"的教学设计，来自文本，又超越文本。以文本为核心、贴着文本展开的教学，我们可以称之为"教文本"，而以超越文本为特征的教学，我们则可以称之为"用文本教"。"教文本"，教学内容以文本内容为限，是"追着"文本去的；而"用文本教"，教学内容则不以文本为限，是"越过"文本去的。

显然，这种"越过"文本的教学，更考验着教师的智慧。如果说赵老师的《目送》是一堂美课的话，那么这一段，是这一节课的华章。

第三个教学环节，教师换一种教学方法，不再要求学生与作者对话，而是教师与作者对话给学生看。

《目送》中关于作者与父亲的那一段是很难教的。从表层内容来看，这一段与文章是游离的，但从情感内容和哲学内容来看，它们在内蕴上又是一致的，有着一种源流关系。作者从对自己与孩子关系的体察中，获得了某种人生领悟，并且沉浸于某种情绪之中；这种情绪又导致了对自己与父亲关系的回顾，在回顾中以己之心，追忆当年父亲的对己之心。这一段，如果直接让学生来主导学习活动，很难取得好的效果。于是赵老师设计了一个“浅介入活动”，学生不再以某种角色来参与理解，而只是作为一个学习者来参与“朗读”活动：学生朗读课文，老师则以读者的身份，阐释文本的深层意义。这就是课堂实录中的“你读原文，我读感悟”，学生通过观察教师与作者的对话，见识了一种更深层的阅读。

第四个教学环节，师生都从文本中脱身而出，返回到现实世界里，并呈现一个老师与她儿子的故事。

上课的教师在课堂上播放刚刚收到的儿子和他同学制作的向妈妈祝贺生日的音频，这从教学逻辑上来说，是一个不可或缺的环节。为什么？前面第一个教学环节，是理解了母亲；第二个教学环节，是通过与父母的对话，体察了自己；第三个教学环节，是理解了老师。这样一一数过来，还缺一个角度：做父母的，你们理解自己的孩子吗？第四个教学环节就是在做这件事：通过孩子给自己送生日祝福这件事，让父母来理解孩子。他们可能无声地说过“不必追”，但在他们的心里，他们从未忘记过有父母。最后，教师使用了“互文法”，引入了龙应台和儿子的书信集《亲爱的安德烈》片段。课堂实录记载如下。

师：这里面有一句话，“20 年以后……你才会回过头来深深地注视”，你同意吗？

家长：我同意。

师： 你相信吗？

家长： 应该相信。

师： 还是不大确定。问问你旁边的女儿。

生： 我会的。

师： 大声一点儿。

生： 我会的！

赵群筠老师的《目送》一课，圆满地完成了“打开心灵”的教学任务。通过四个前后相续的教学环节，打开了作者的心，打开了学生的心，打开了自己的心，打开了所有参与听课的家长的心。需要说明的是，在阅读教学过程中，打开心灵，实际上也就是打开文本，这二者，说的其实是一件事。

（李海林，上海新纪元双语学校校长，教育学者）

代后记：我的母亲是一位语文老师 / 孙可千

于我这个年纪，二十岁的光景，专门去写一篇文章回忆自己母亲的人，委实不算太多吧。可前些日子与母亲通话，聊起了一些关于语文老师的旧事，现在想来很是有趣，于是决定写下来。

对“我的母亲是一位语文老师”这一认识，模糊地说起来是我小学之后才有的。这并不是说在那之前我完全不知道她是做什么职业的，而是说我不

◆赵群筠和儿子孙可千。

清楚语文老师是干什么的。那时我只知道母亲身边一直有很多哥哥姐姐（她的学生），当然这与语文并没有什么关系。升入小学以后，见过了学校里教语文的老师，才知道母亲是做什么的，所以我对作为语文老师的母亲的回忆，就主观地从小学开始。实际上，她并没有当过我的语文老师，但却也一直是我的语文老师。从小学开始直到高中毕业，或有意或无意，母亲与我几乎从来都不是社会意义上的师生关系。这倒也免去了日常称呼上的纠结。而母亲对于我在语文方面的教导，却是自始至终，不曾间断。

举几个例子来说。记忆中从外公那一代开始，家中就有读书的传统。母亲也酷爱读书，用她自己的话来说，就是家里可以没有衣柜和杂物柜，但不能吝啬留给书柜的地方。书籍在我们家里可以说是触手可及，而我从小就“继承”了这一屋子的宝藏：无论日子紧张还是闲暇，无论在家里的哪个房间，目之所及之处都有几本有趣的书，真是何其幸也！小时候，母亲在办公室批改学生作业时，我常常在边上帮着整理。耳濡目染，许多名诗名句和文学常识也渐渐熟稔于心了；母亲每次都会把学生的优秀作文整理出来，与我交流各自的读后感，现在想来，颇为有趣。到了初中，周末与母亲在家中一起鉴赏电影几乎成了固定的节目（偶尔也会代之以读报、读杂志）。这不仅仅是为了消遣娱乐，因为每次观看电影都会伴随着口头或书面的研讨。有时候针对电影中出现的特殊意象或对白，我们往往不能用简单的几句话说服对方。这种争论大多以对电影细节的反复推敲而得以解决，只是这样做既费时又费神，几个酣畅淋漓的回合下来，原本消遣娱乐的兴致早已荡然无存。现在想来，这样的活动严谨而有趣，通过分析电影语言，培养了一个人的语文素养。这大概就是母亲当年的用意吧。而我也从中受益良多，时常庆幸当时没有将这个迷你沙龙当儿戏。读大学之后，语文作为一门学科已经不再出现在我的课程表当中，然而却就在那时我才有机会走进母亲的课堂。我从高三开始接触摄影，到了大学，摄影可以说是我主要的爱好之一了。有一回，母亲邀请我做她的随行摄影师，记录她的一节公开课。出于好奇，我答应了。母亲的语文课和她的人一样，平和又温柔，用语不卑不亢，不疾不徐。教室里的空气十分有弹性。课上的解读与交流，几乎都紧紧围绕着情绪与情感这个核心。我以为这是语文教育回归本真的一种方式。无论是作画、拍摄电影、演奏音乐，还是撰写文章，人们都在以不同的方式抒发或简单或复杂的情感。语文，可以说是用语言这一工具去加密和解密情感的学问。透过镜头和取景器，我看到了学生的神情，真切地感受到了语文课对他们心灵的冲击。母亲在那一节语文课里，让所有人都浸润在情感之中。

关于我的母亲是一位语文老师的记忆，现在想来，的的确确隐藏在我生活中的每个角落里，并一直潜移默化地影响着我。进入大学后，我已无法回到当年的语文环境中，但母亲留给我的语文素养，将会伴随我的一生。